몬스터매스 챌린지의 활용법

 소마큐브를 활용하여 수학의 5대 영역(수와 연산, 도형, 측정, 자료와 가능성, 규칙성)의 내용을 골고루 학습합니다.

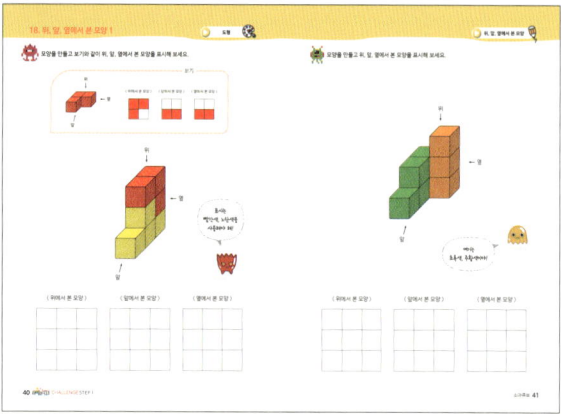

 소마큐브의 수학적 의미에 대한 스토리는 아이들에게 흥미를 이끌어내도록 합니다.

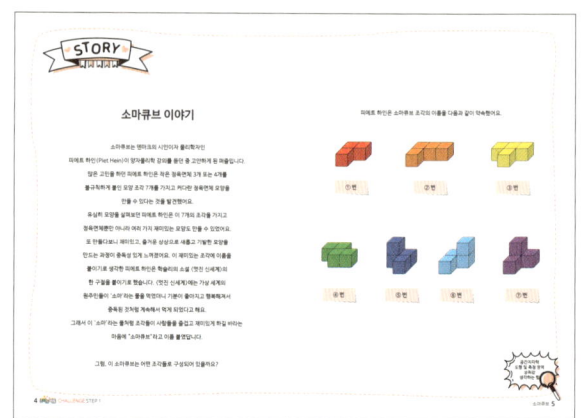

 아이들의 흥미를 위해 놓아보기(🎲), 색칠하기(🎨), 연필로 그려보기(✏️) 등 다양한 활동을 하도록 합니다.

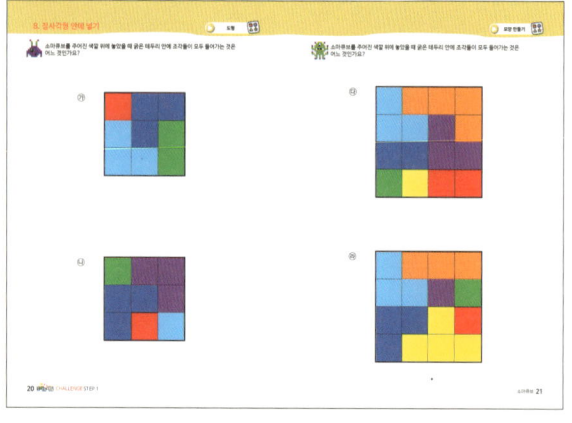

 티칭 가이드를 통해 주제에 따른 학습 내용과 지도에 대한 팁을 활용합니다.

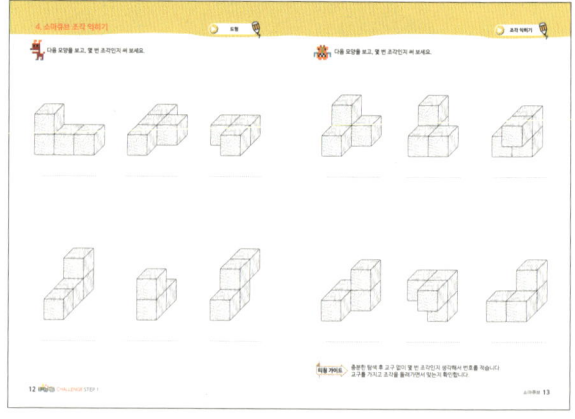

학습효과

1. 수학의 5대 영역에 대하여 폭넓게 익히고, 경험할 수 있습니다.
2. 특히 영재성의 기본인 공간지각력을 키우고, 공간 구조를 익힐 수 있습니다.
3. 어려운 문제를 해결해냄으로써 성취감을 높여줍니다.
4. 문제 해결을 위한 전략적인 사고는 생각하는 힘을 길러줍니다.

CONTENTS

4	0. 스토리
6	1. 소마큐브 구성 알기
8	2. 직사각형 채우기
10	3. 입체 모양 만들기 1
12	4. 등각투시도 그리기 1
14	5. 등각투시도 그리기 2
16	6. 등각투시도 그리기 3
18	7. 부피 구하기
20	8. 입체 모양 만들기 2
22	9. 같은 모양을 여러 가지 방법으로 만들기
24	10. 위, 앞, 옆에서 본 모양 1
26	11. 위에서 본 모양 찾기
28	12. 위, 앞, 옆에서 본 모양 2
30	13. 위, 앞, 옆에서 본 모양을 보고 입체 모양 만들기 1
32	14. 문제해결
34	15. 정육면체 만들기
36	16. 위, 앞, 옆에서 본 모양 3
38	17. 위, 앞, 옆에서 본 모양 4
40	18. 위, 앞, 옆에서 본 모양을 보고 입체 모양 만들기 2
42	19. 위, 앞, 옆에서 본 모양을 보고 입체 모양 만들기 3
44	20. 재미있는 모양 만들기
46	정답

너무 재미있겠다~
빨리 빨리
시작해요~

소마큐브 이야기

소마큐브는 덴마크의 시인이자 물리학자인
피에트 하인(Piet Hein)이 양자물리학 강의를 듣던 중 고안하게 된 퍼즐입니다.
많은 고민을 하던 피에트 하인은 작은 정육면체 3개 또는 4개를
불규칙하게 붙인 모양 조각 7개를 가지고 커다란 정육면체 모양을
만들 수 있다는 것을 발견했어요.
유심히 모양을 살펴보던 피에트 하인은 이 7개의 조각을 가지고
정육면체뿐만 아니라 여러 가지 재미있는 모양도 만들 수 있었어요.
또 만들다보니 재미있고, 즐거운 상상으로 새롭고 기발한 모양을
만드는 과정이 중독성 있게 느껴졌어요. 이 재미있는 조각에 이름을
붙이기로 생각한 피에트 하인은 헉슬리의 소설 〈멋진 신세계〉의
한 구절을 붙이기로 했습니다. 〈멋진 신세계〉에는 가상 세계의
원주민들이 '소마'라는 풀을 먹었더니 기분이 좋아지고 행복해져서
중독된 것처럼 계속해서 먹게 되었다고 해요.
그래서 이 '소마'라는 풀처럼 조각들이 사람들을 즐겁고 재미있게 하길 바라는
마음에 "소마큐브"라고 이름 붙였답니다.

그럼, 이 소마큐브는 어떤 조각들로 구성되어 있을까요?

피에트 하인은 소마큐브 조각의 이름을 다음과 같이 약속했어요.

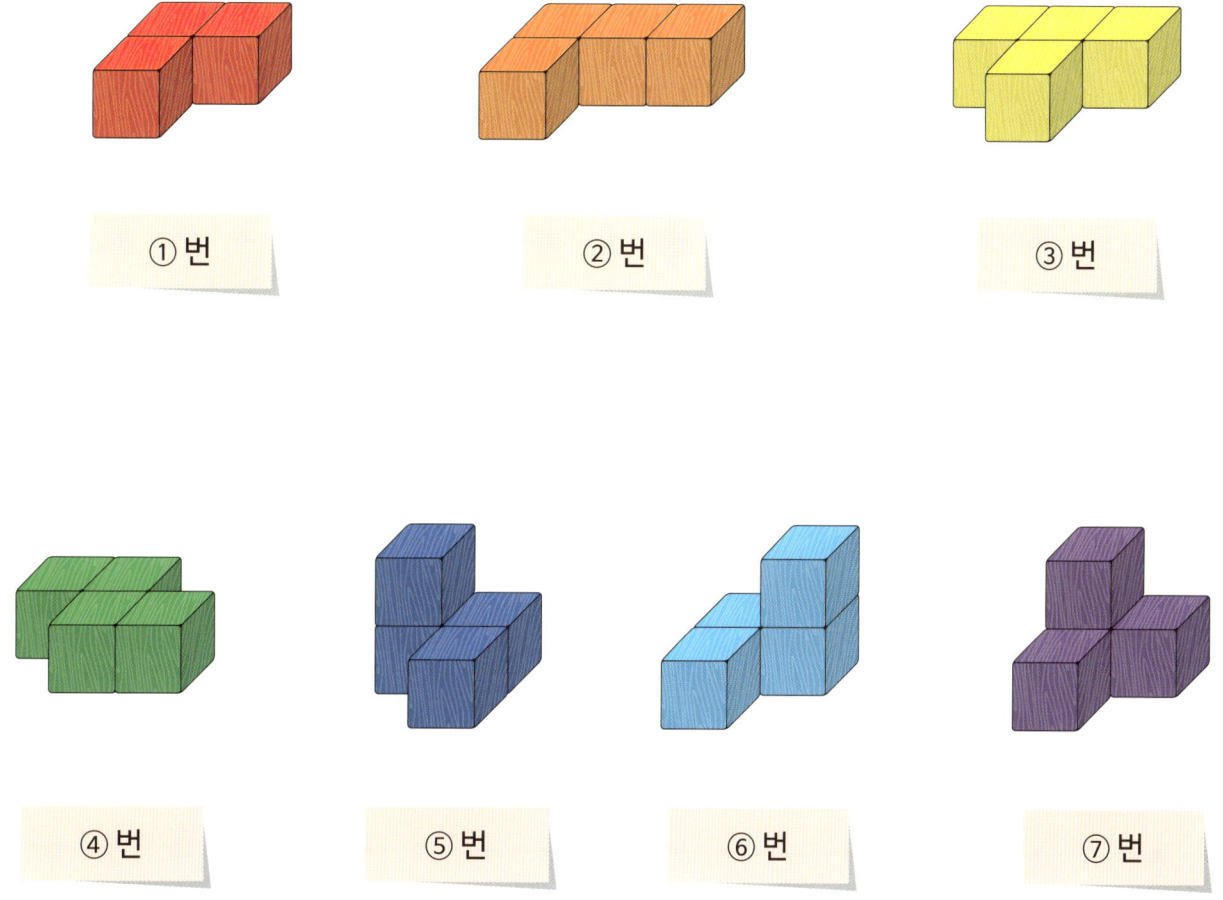

①번 ②번 ③번

④번 ⑤번 ⑥번 ⑦번

1. 소마큐브 구성 알기

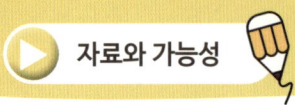

 소마큐브는 정육면체 모양의 쌓기나무 3개 또는 4개를 다음과 같이 면끼리 붙여 만든 7조각으로 구성되어 있습니다.

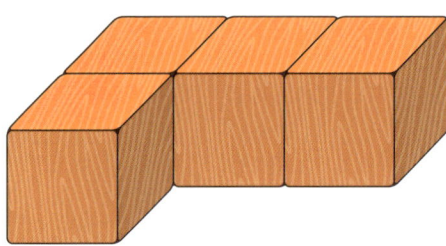

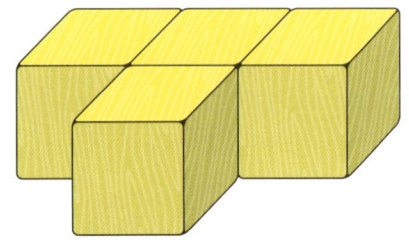

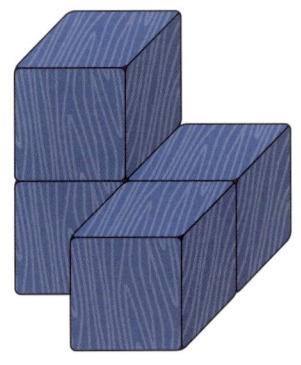

 교구 탐색

 소마큐브의 각 조각의 이름을 다음과 같이 약속해요. 다음 모양과 색깔이 같은 조각을 찾아 올려 놓아보세요.

①번

②번

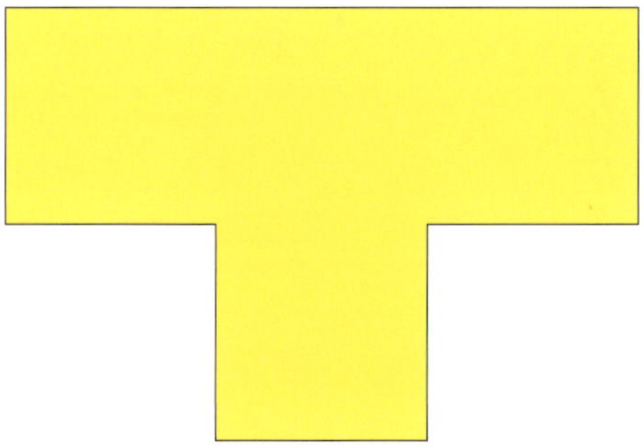

③번

④번

⑤번

⑥번

⑦번

2. 직사각형 채우기

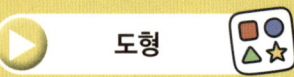

 소마큐브 7조각을 모두 사용해서 직사각형을 채우세요. 이때, 빈 곳이 없으며 모든 조각이 바닥에 한 면이라도 닿아야 하고, 직사각형 밖으로 조각이 튀어나온 곳이 없어야 합니다.

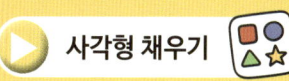 사각형 채우기

 소마큐브 7조각을 모두 사용해서 직사각형을 채우세요. 이때, 빈 곳이 없으며 모든 조각이 바닥에 한 면이라도 닿아야 하고, 직사각형 밖으로 조각이 튀어나온 곳이 없어야 합니다.

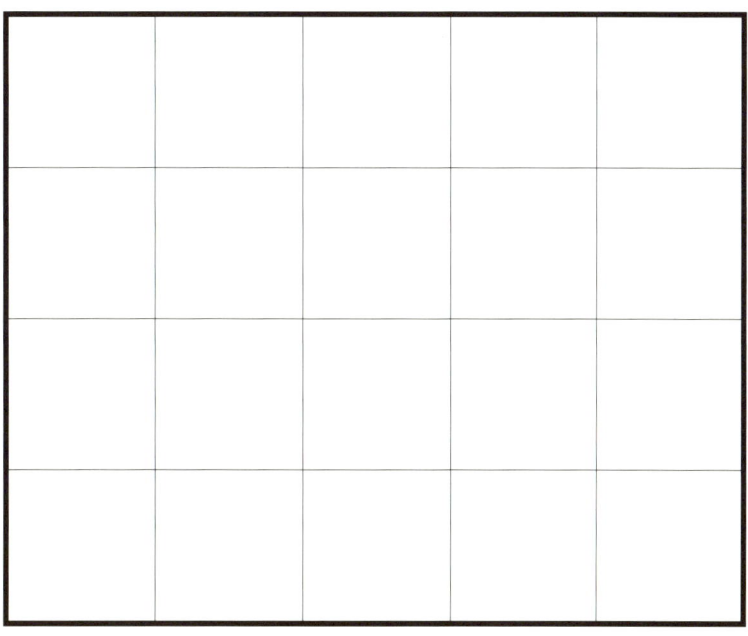

3. 입체 모양 만들기 1

 도형

 주어진 조각을 사용하여 아래 입체 모양을 만들어 보세요.

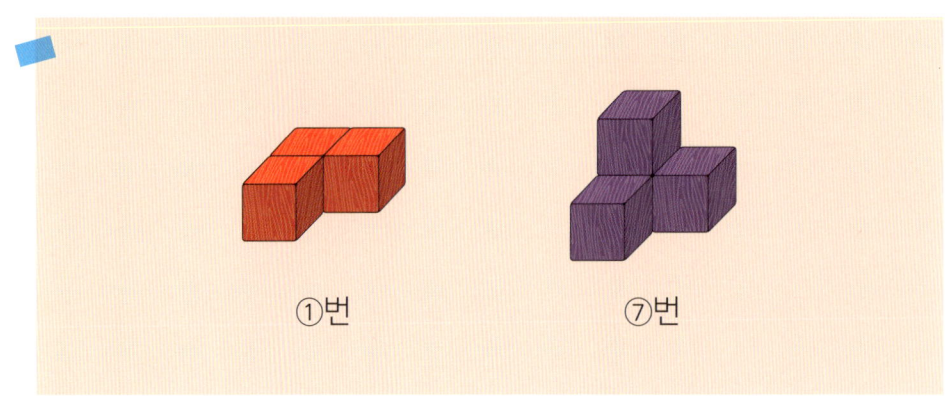

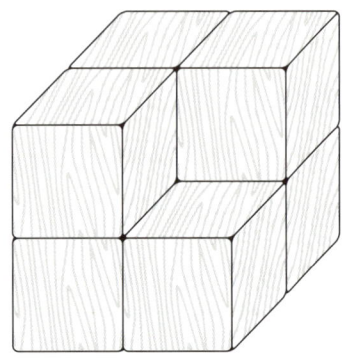

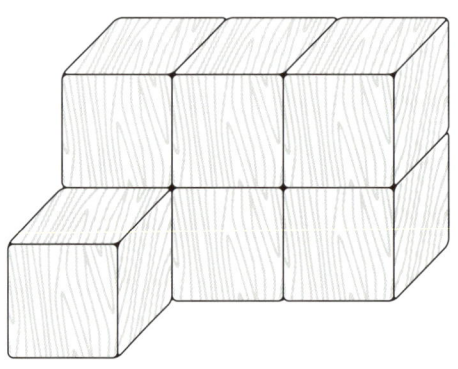

맞추고 색칠하는 것 잊지마!

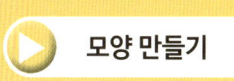 

 주어진 조각을 사용하여 아래 입체 모양을 만들어 보세요.

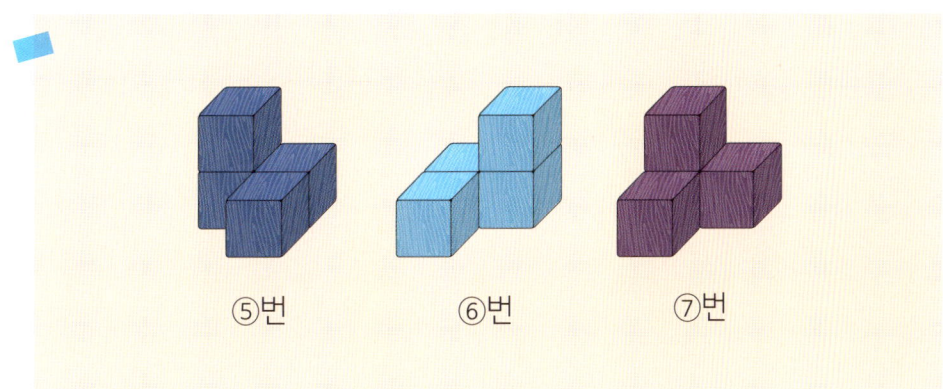

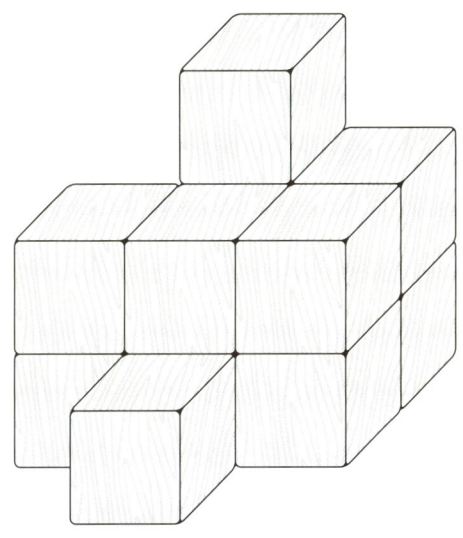

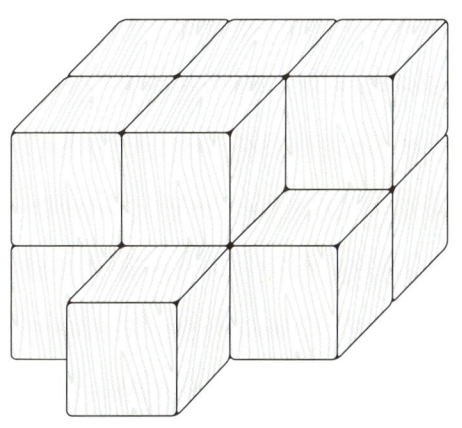

소마큐브 11

4. 등각투시도 그리기 1

 도형

 입체 모양 그림을 보고 등각투시도를 그려보세요.

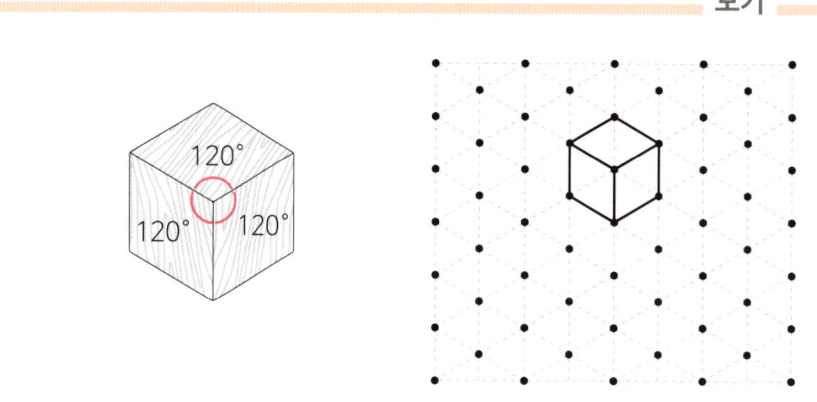

120°를 이루는 세 개의 축을 기준으로 입체도형을 나타낸 그림을 **등각투시도**라고 합니다.

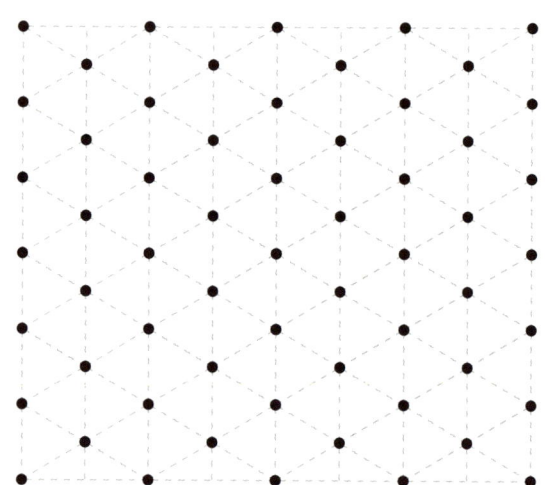

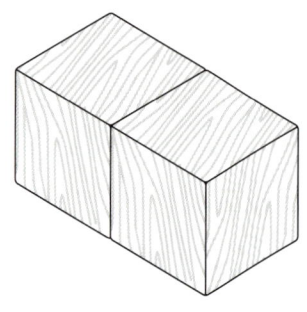

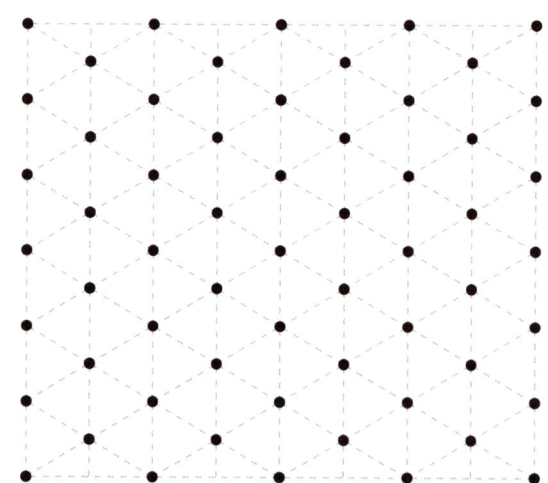

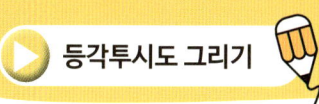

 입체 모양 그림을 보고 등각투시도를 그려보세요.

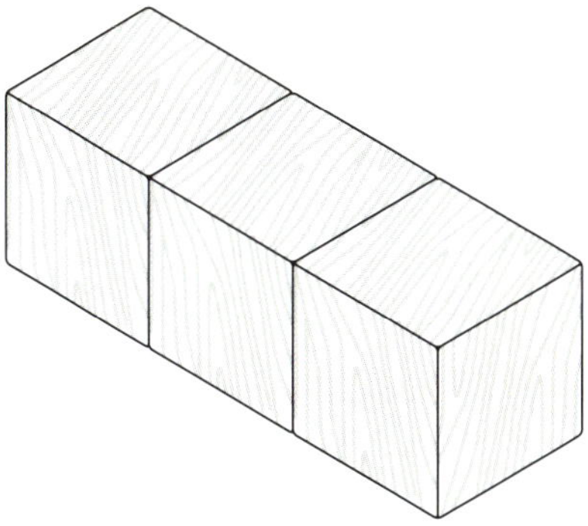

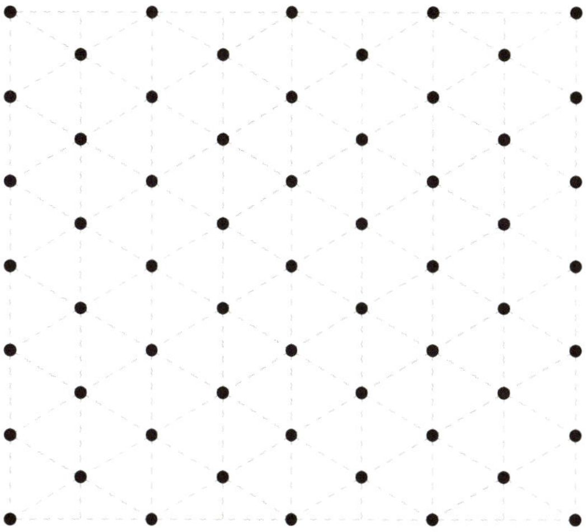

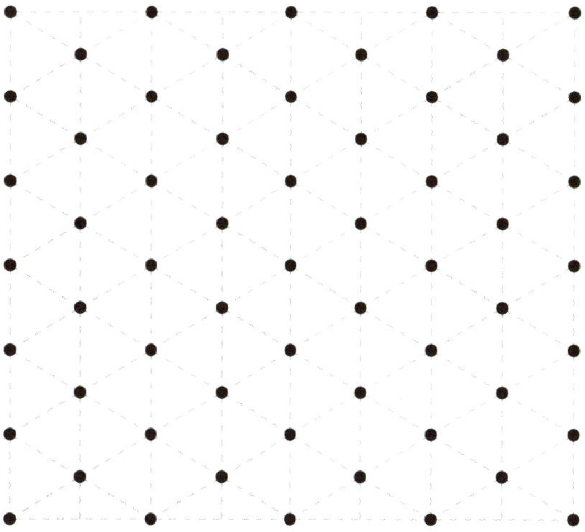

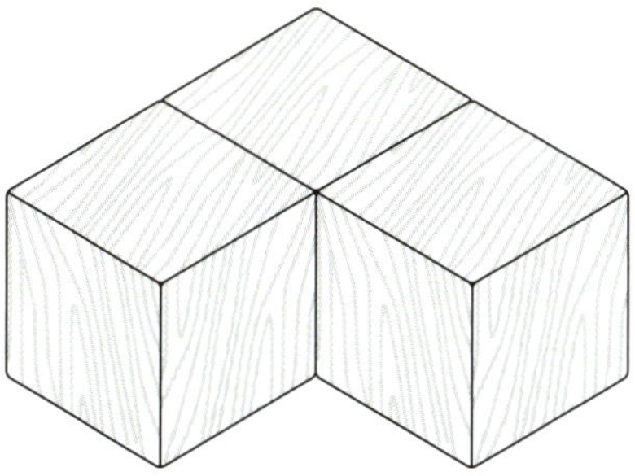

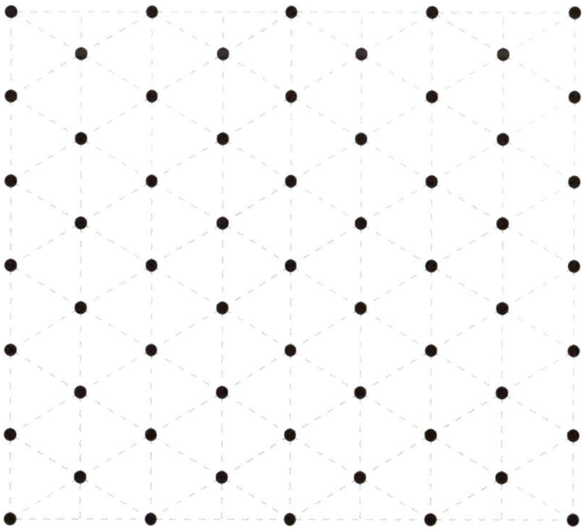

소마큐브 13

5. 등각투시도 그리기 2

 소마큐브 조각을 보고 등각투시도를 그려보세요.

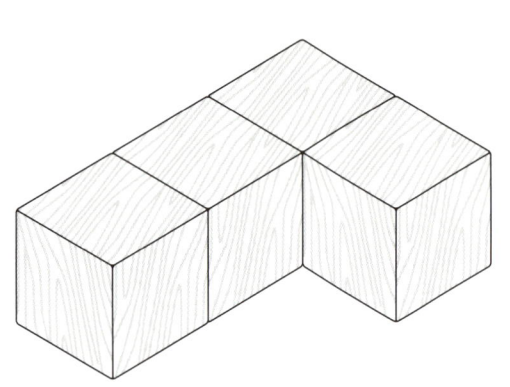
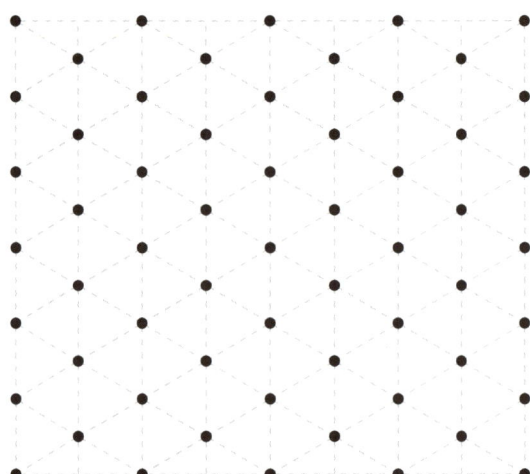

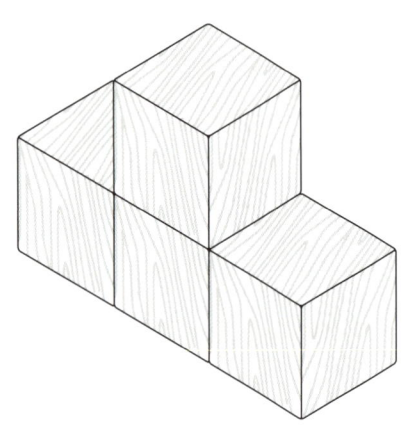
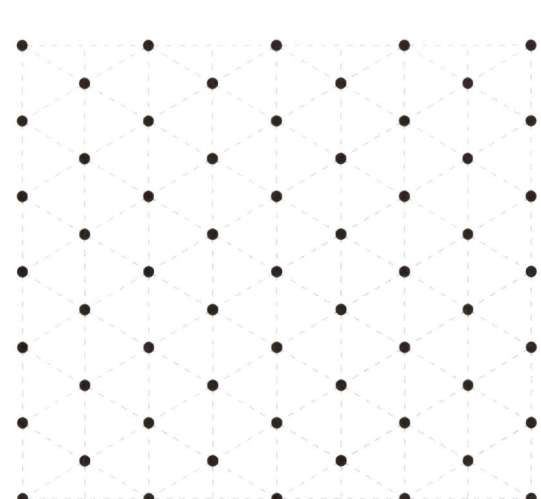

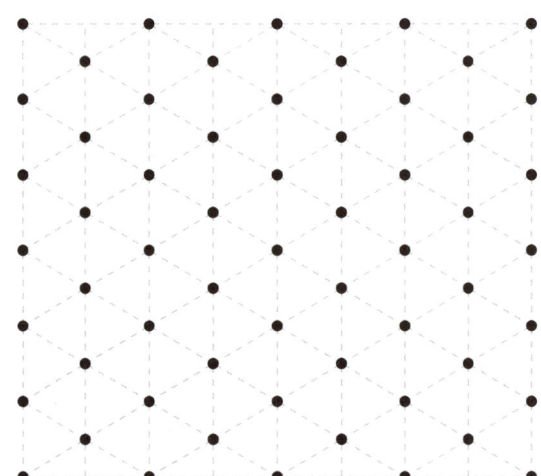

 등각투시도 그리기

 소마큐브 조각을 보고 등각투시도를 그려보세요.

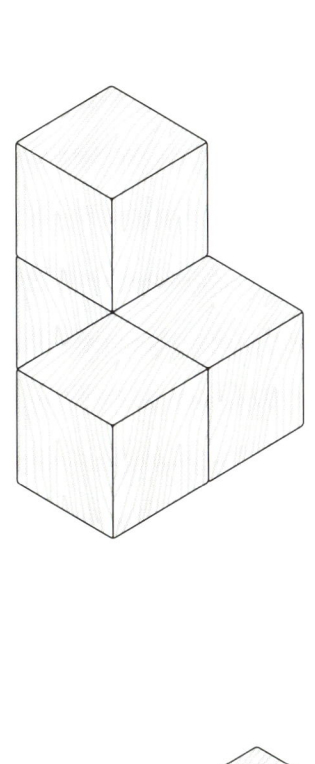

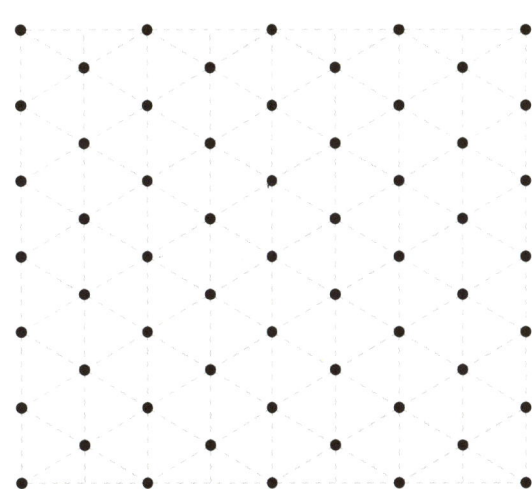

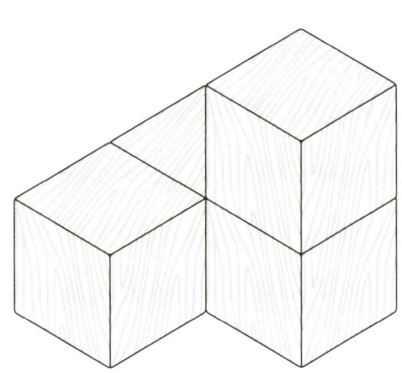

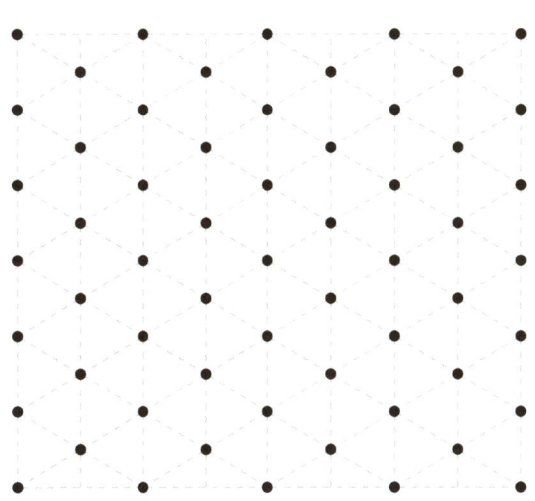

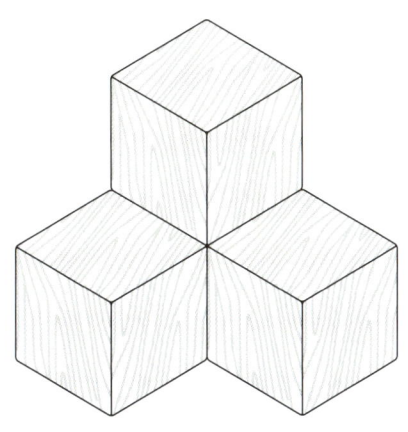

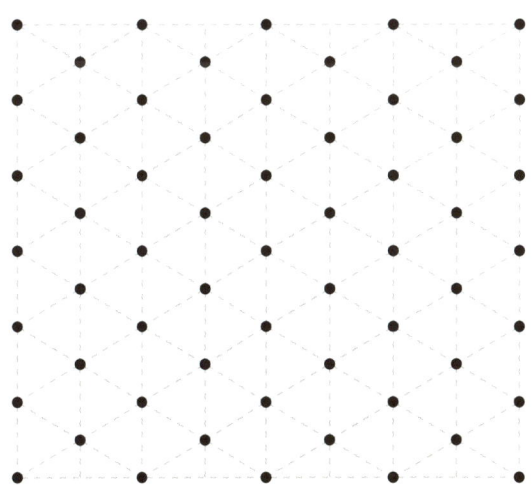

6. 등각투시도 그리기 3

 도형

 주어진 조각을 사용하여 입체 모양을 만들고, 등각투시도를 그려보세요.

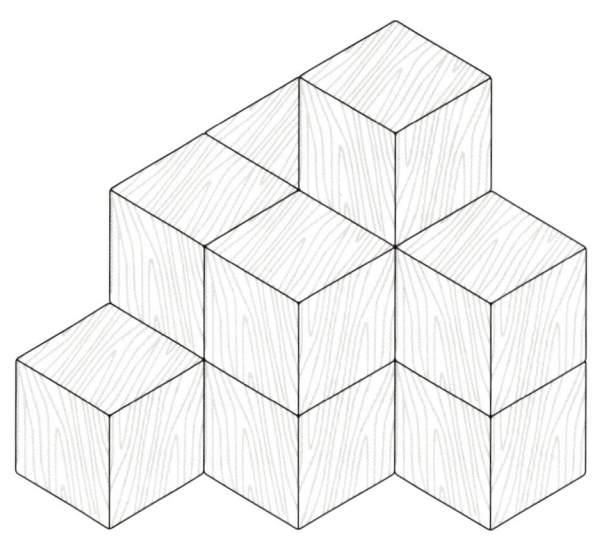

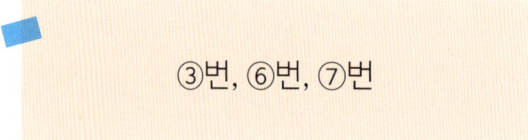

③번, ⑥번, ⑦번

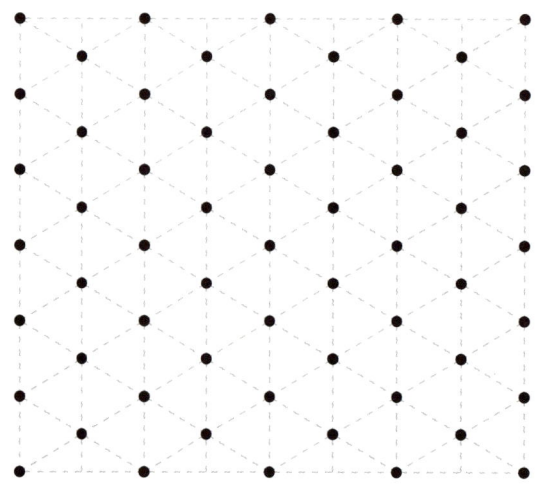

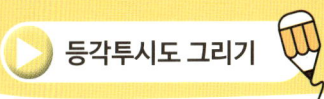

 주어진 조각을 사용하여 입체 모양을 만들고, 등각투시도를 그려보세요.

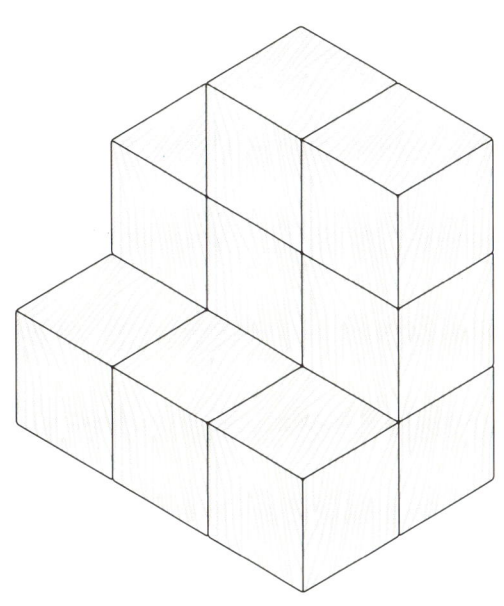

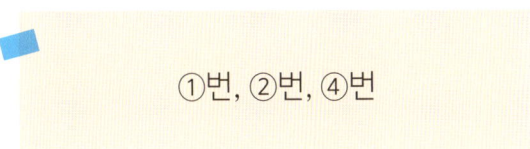

①번, ②번, ④번

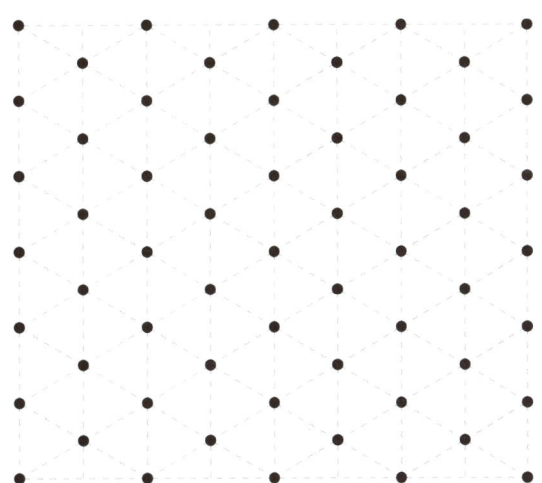

7. 부피 구하기

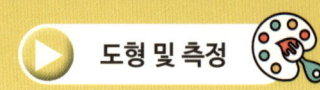

 다음 직육면체를 만들고 부피를 구해보세요.

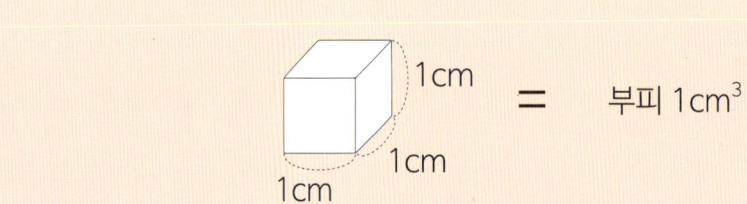

부피를 나타낼 때 한 모서리의 길이가 1cm인 정육면체의 부피를 단위로 사용할 수 있습니다. 이 정육면체의 부피를 **1cm³**라고 쓰고, **1 세제곱센티미터**라고 읽습니다.

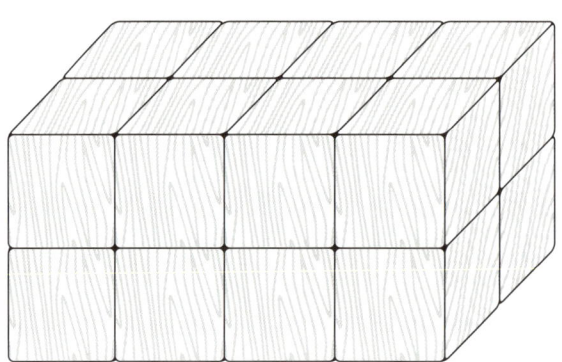

_____ cm³

맞춘 모양을 보고 각 면에 색칠해 보자.

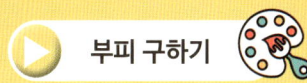

 소마큐브 조각으로 맞추고 부피를 구해보세요.

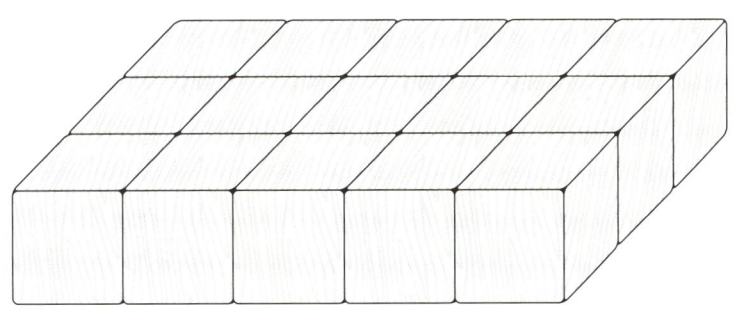

----------------------------------- cm³

----------------------------------- cm³

8. 입체 모양 만들기 2

 도형

 주어진 조각으로 다음 입체 모양을 만들어 보세요.

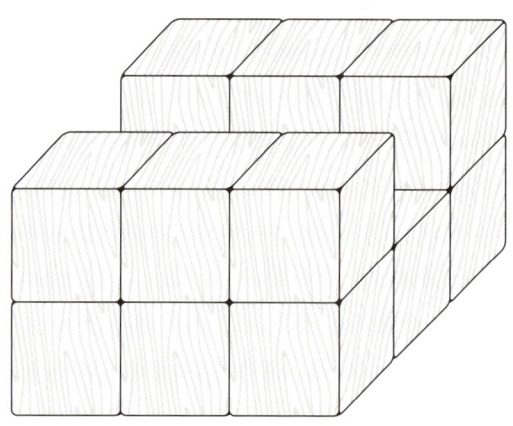

①번, ②번, ④번, ⑦번

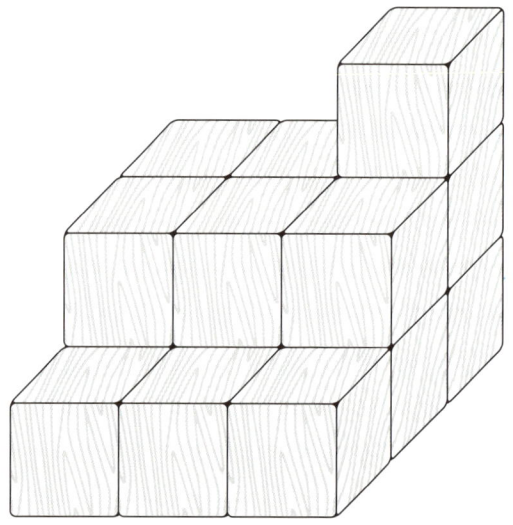

②번, ④번, ⑤번, ⑦번

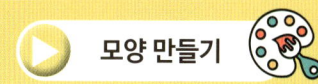 모양 만들기

 주어진 조각으로 다음 입체 모양을 만들어 보세요.

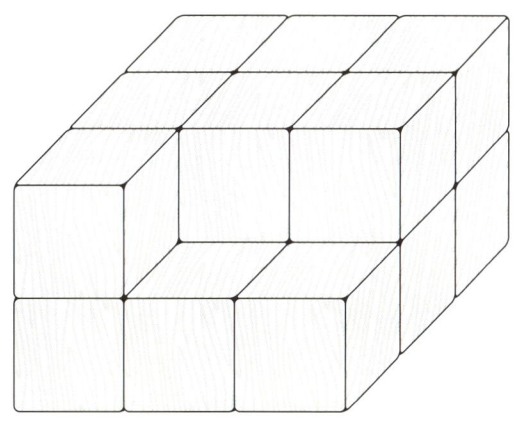

③번, ④번, ⑥번, ⑦번

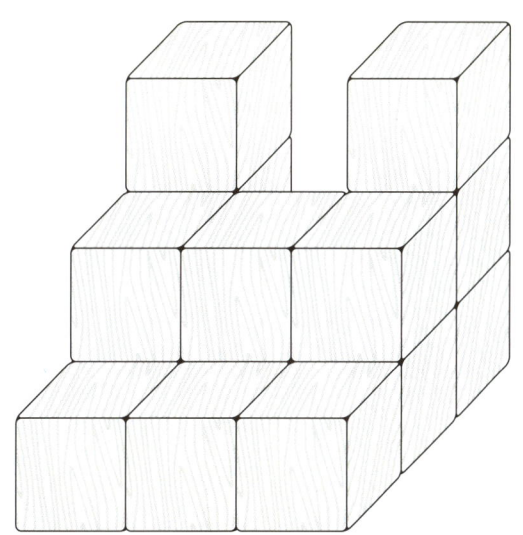

②번, ③번, ④번, ⑤번

9. 같은 모양을 여러 가지 방법으로 만들기

 도형

 다음 모양을 여러 가지 방법으로 만들어 보세요.

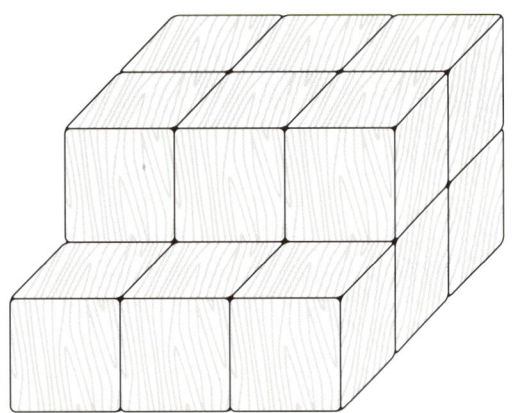

사용한 조각 :

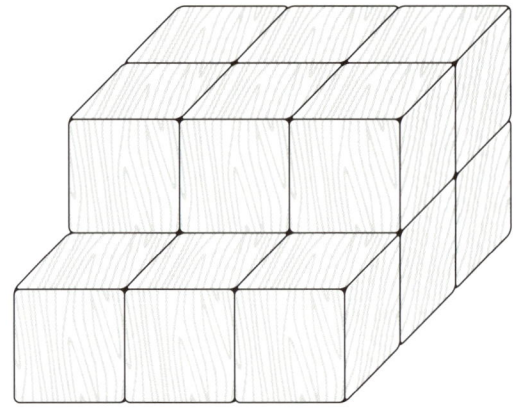

사용한 조각 :

사용한 조각 :

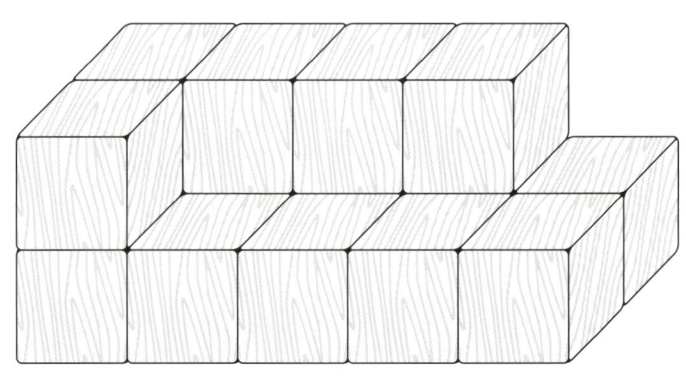

사용한 조각 :

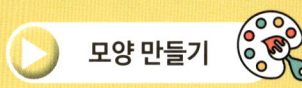

 다음 모양을 여러 가지 방법으로 만들어 보세요.

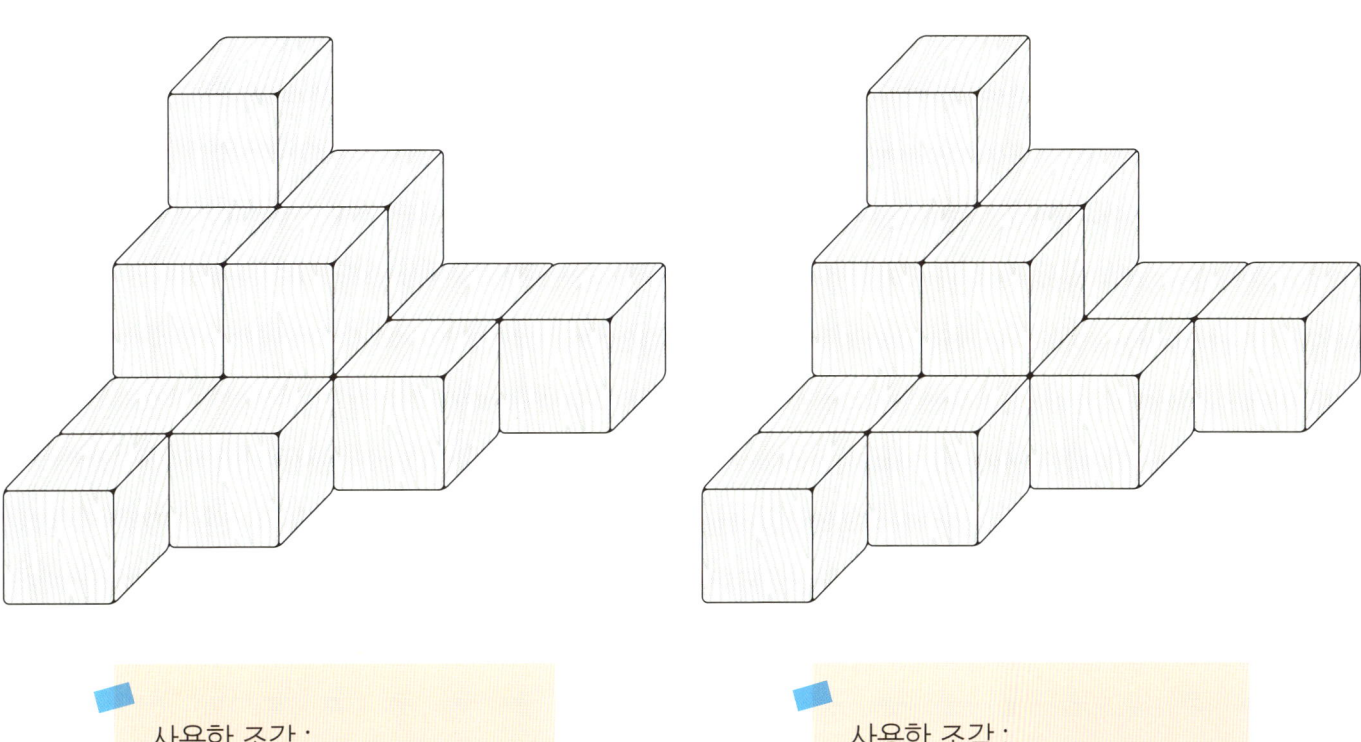

사용한 조각 :

사용한 조각 :

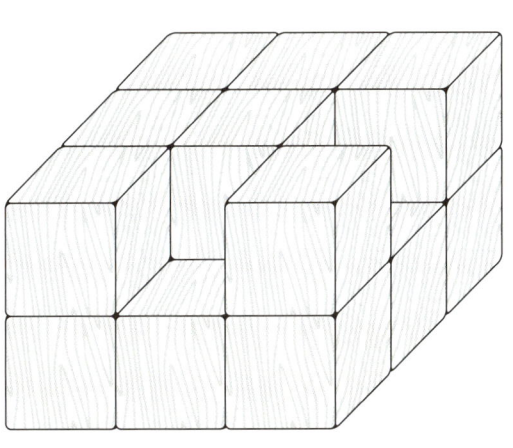

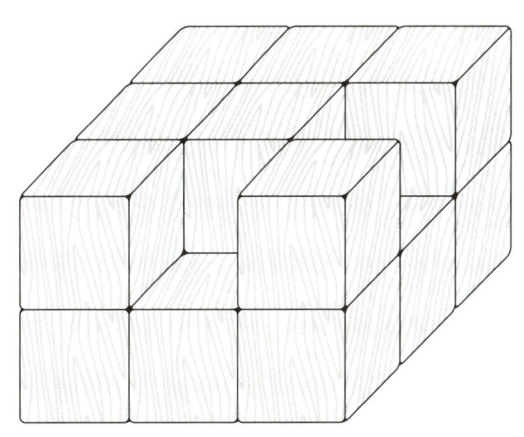

사용한 조각 :

사용한 조각 :

10. 위, 앞, 옆에서 본 모양 1

다음은 소마큐브 조각의 위, 앞, 옆에서 본 모양을 색과 숫자로 표시한 것입니다. 조각별로 표시해 보세요. 이때, 숫자는 해당 위치에서의 정육면체의 개수를 나타냅니다.

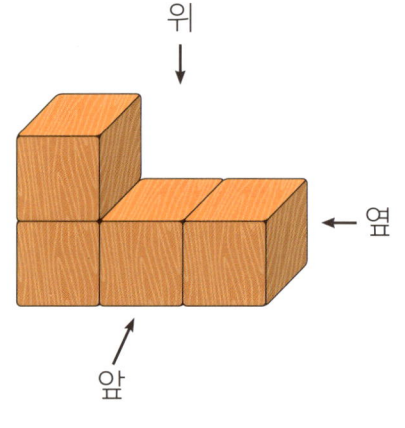

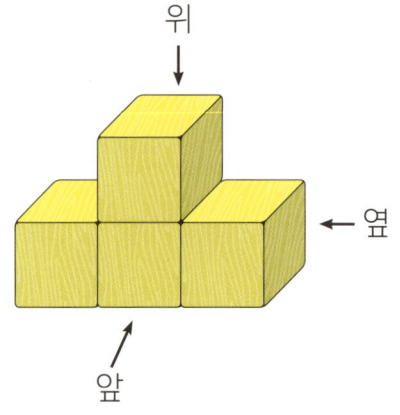
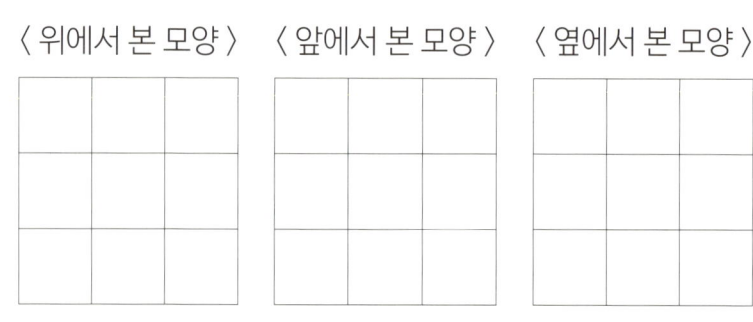

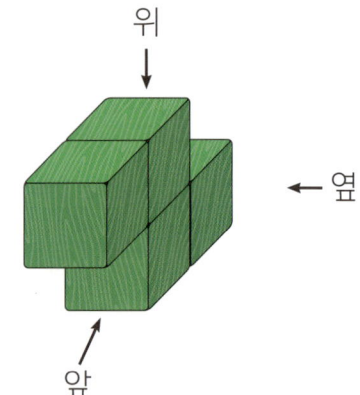
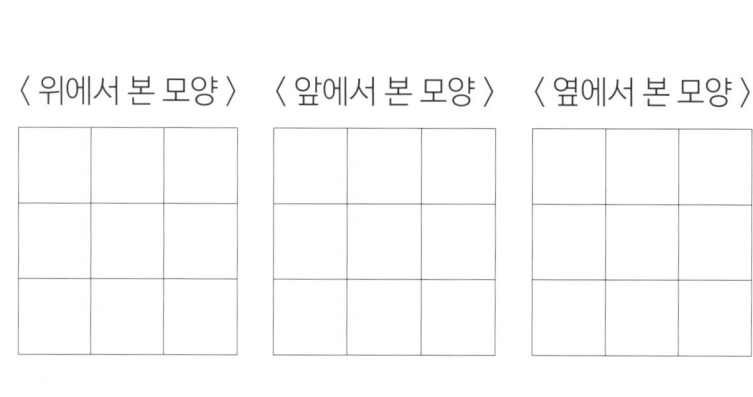

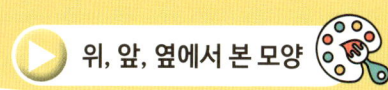

 소마큐브 조각의 위, 앞, 옆에서 본 모양을 색과 숫자로 표시해 보세요.
이때, 숫자는 해당 위치에서의 정육면체의 개수를 나타냅니다.

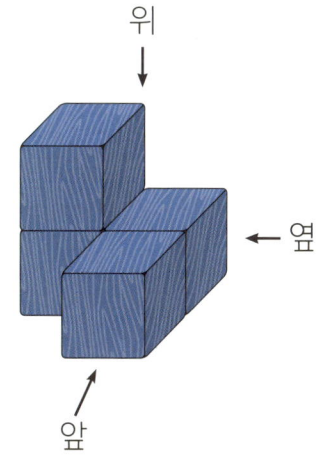

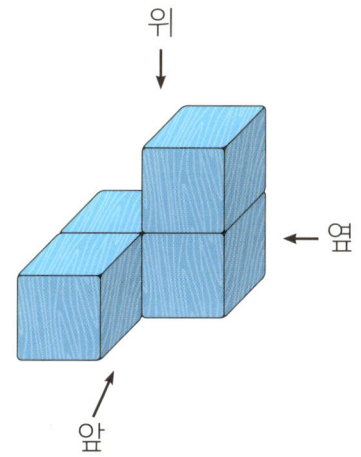

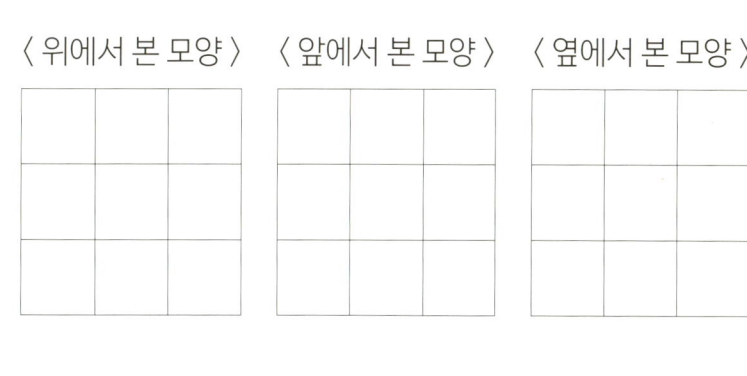

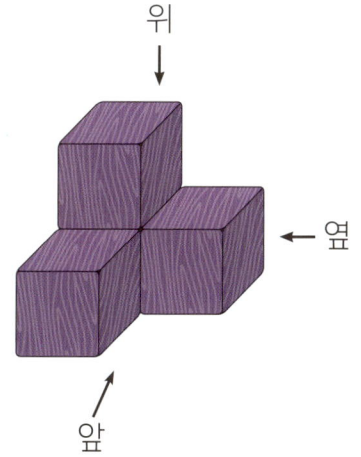

소마큐브 25

11. 위에서 본 모양 찾기

 도형

 주어진 입체 모양을 만들고 위에서 본 모양을 찾아 이어보세요.

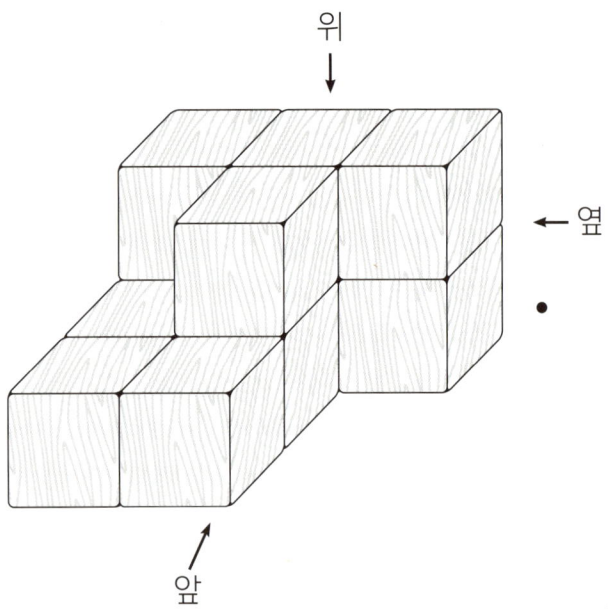

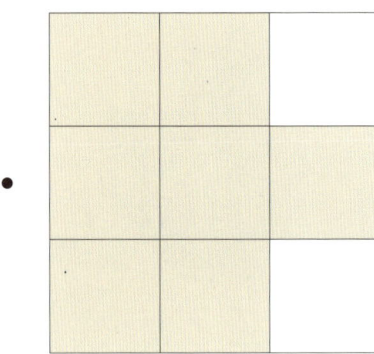

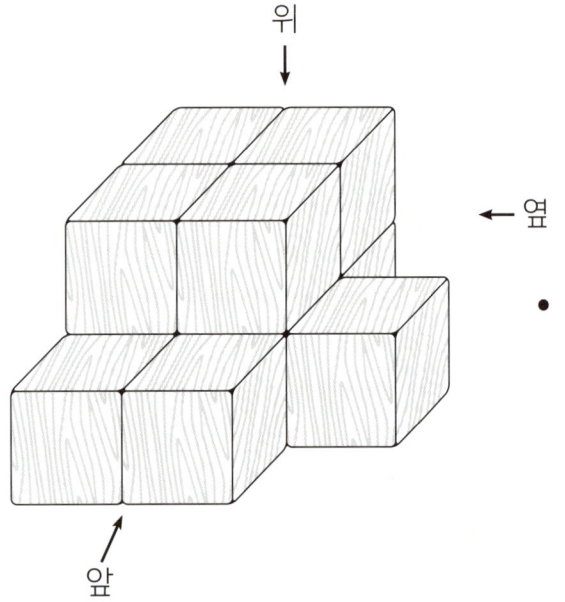

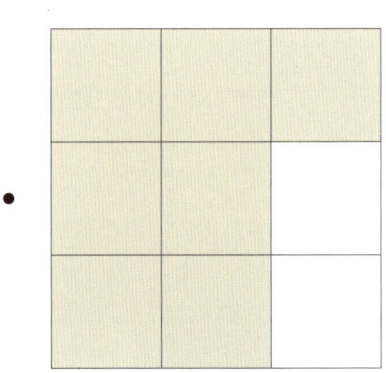

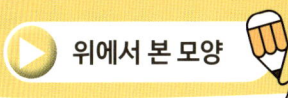 위에서 본 모양

 주어진 입체 모양을 만들고 위에서 본 모양을 찾아 이어보세요.

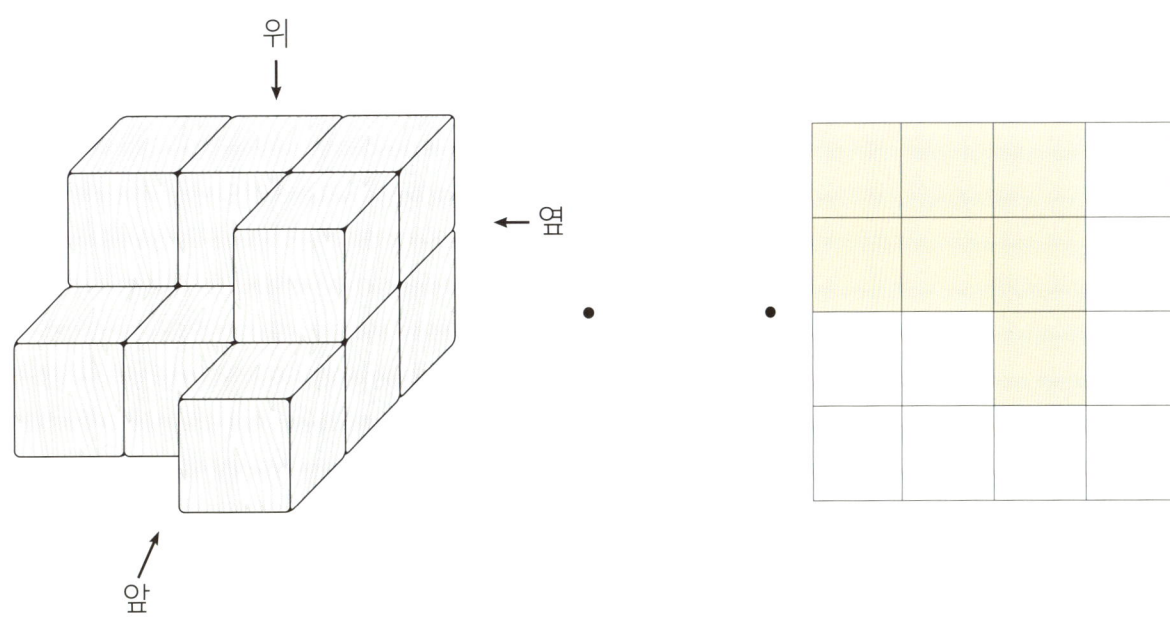

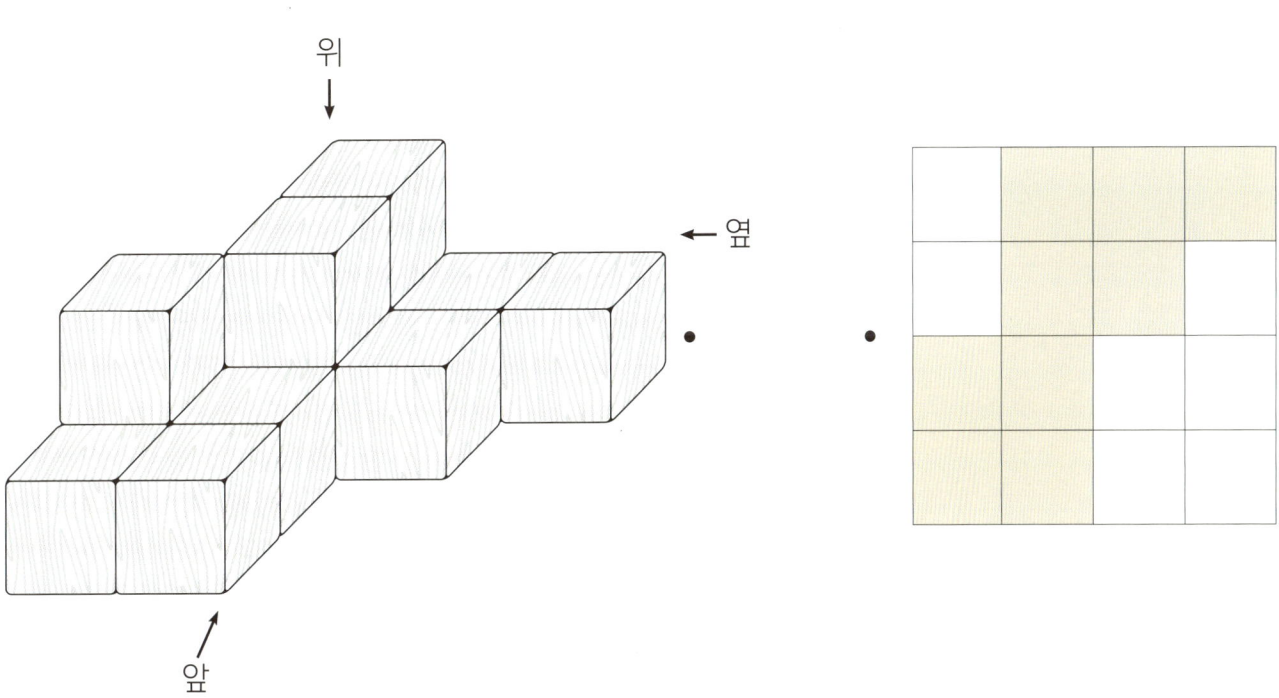

12. 위, 앞, 옆에서 본 모양 2

 도형

 주어진 입체 모양을 소마큐브 조각으로 맞추고, 위, 앞, 옆에서 본 모양을 그려보세요. 이때, 해당 위치에서의 정육면체의 개수를 쓰세요.

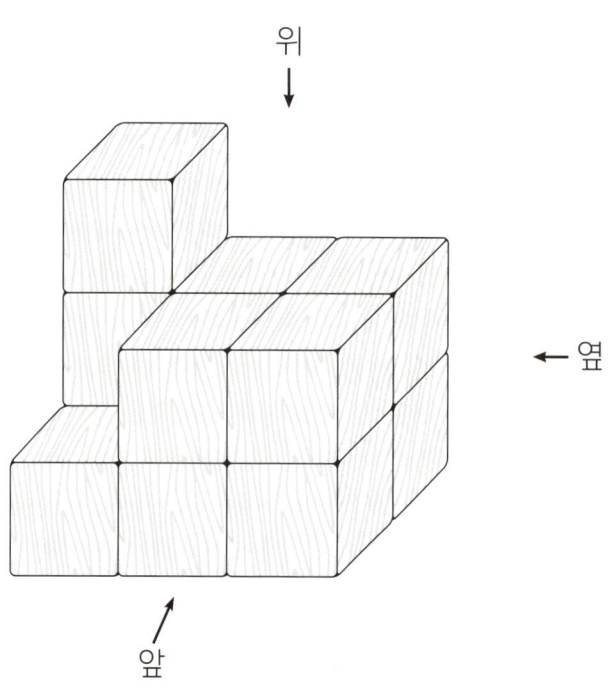

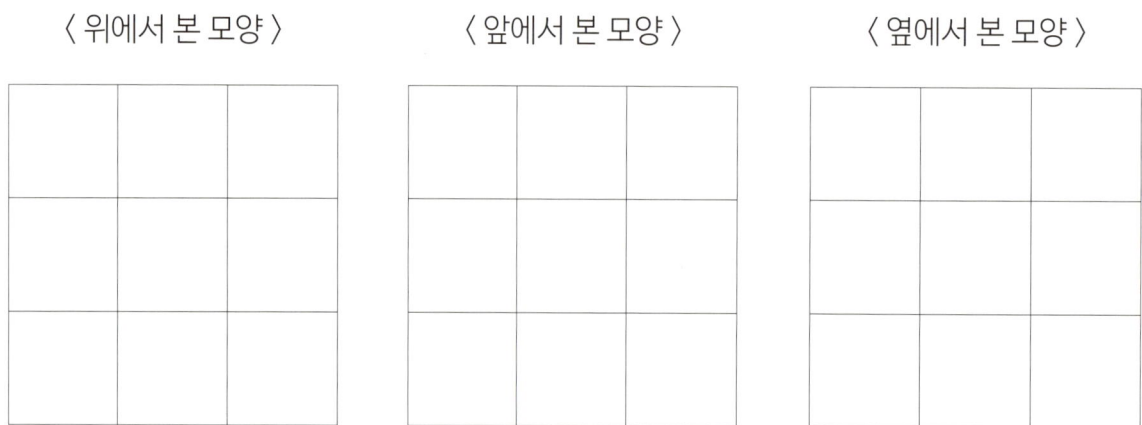

〈 위에서 본 모양 〉   〈 앞에서 본 모양 〉   〈 옆에서 본 모양 〉

주어진 입체모양을 소마큐브 조각으로 맞추고, 위, 앞, 옆에서 본 모양을 그려보세요.
이때, 해당 위치에서의 정육면체의 개수를 쓰세요.

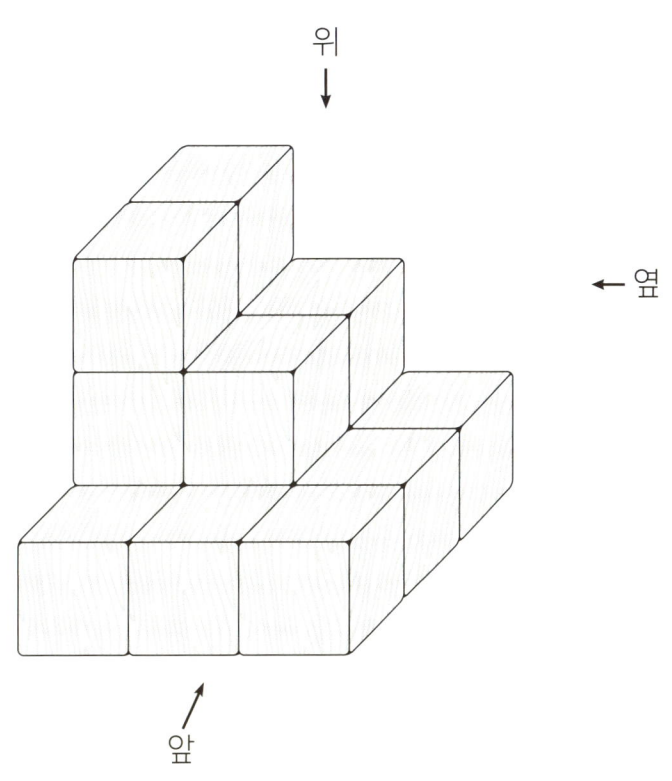

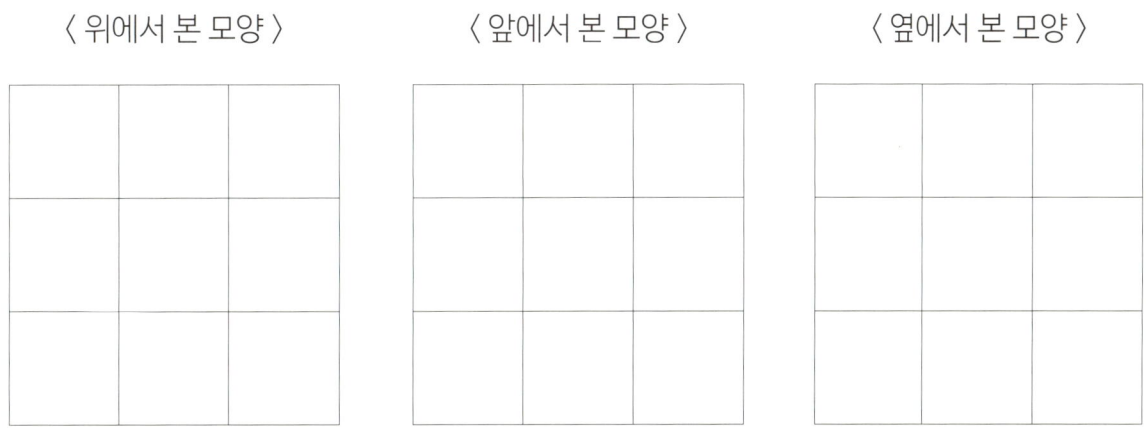

〈 위에서 본 모양 〉　　〈 앞에서 본 모양 〉　　〈 옆에서 본 모양 〉

13. 위, 앞, 옆에서 본 모양을 보고 입체 모양 만들기 1 도형

위, 앞, 옆에서 본 모양을 보고, 입체 모양을 만들어 보세요.

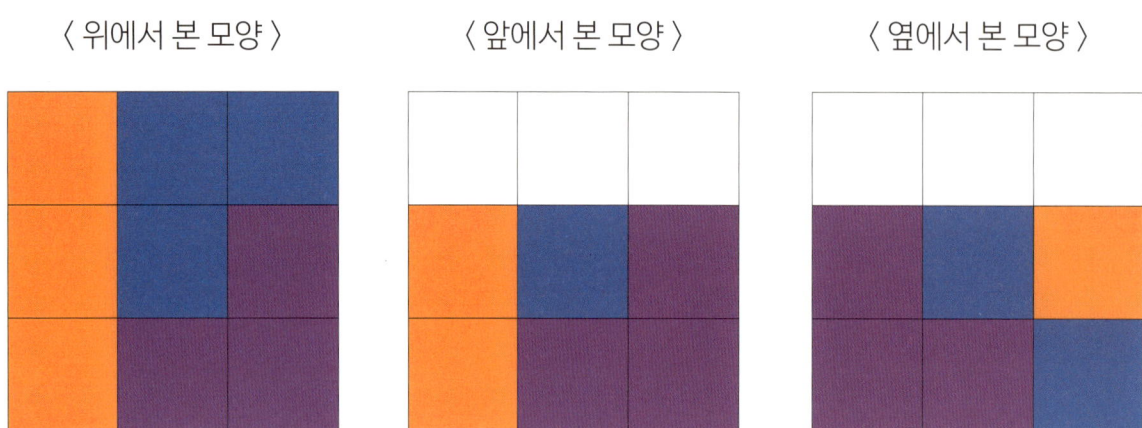

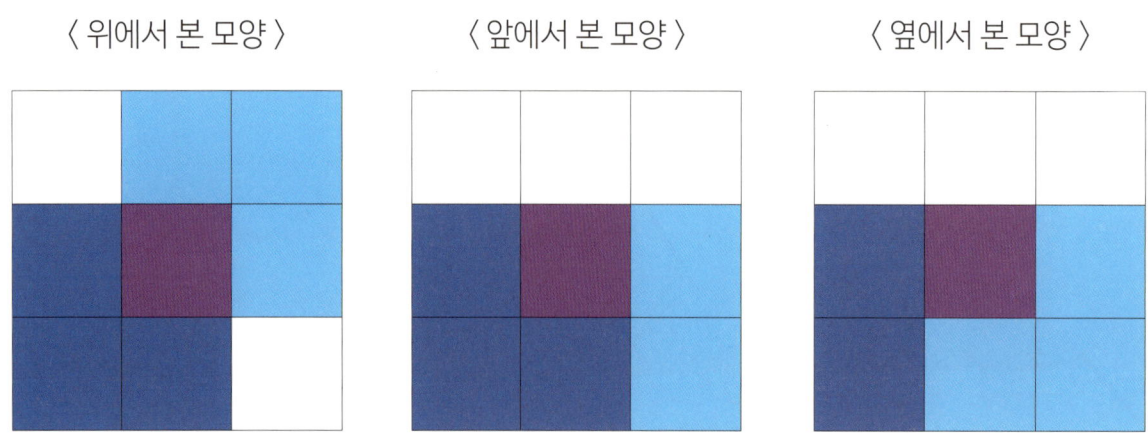

 입체 모양 만들기

 위, 앞, 옆에서 본 모양을 보고, 입체 모양을 만들어 보세요.

소마큐브 31

14. 문제해결

 도형

 위, 앞, 옆에서 본 모양을 보고 입체 모양을 만들고 문제를 해결하세요.
이때, ㉠~㉶은 해당 위치에서의 정육면체의 개수를 나타냅니다.

〈 위에서 본 모양 〉　　〈 앞에서 본 모양 〉　　〈 옆에서 본 모양 〉

- 똑같은 모양으로 쌓는데 필요한 소마큐브 조각은 몇 조각인가요?

　　　　　　　　　　　　　　　　　　　　(　　　　)조각

- ㉺에 쌓인 정육면체는 몇 개인가요?

　　　　　　　　　　　　　　　　　　　　(　　　　)개

- ㉡과 ㉰에 쌓인 정육면체의 합은 몇 개인가요?

　　　　　　　　　　　　　　　　　　　　(　　　　)개

- ㉠에 쌓인 정육면체는 몇 개인가요?

　　　　　　　　　　　　　　　　　　　　(　　　　)개

 문제해결

 위, 앞, 옆에서 본 모양을 보고 입체 모양을 만들고 문제를 해결하세요.
이때, ㉠~㉦은 해당 위치에서의 정육면체의 개수를 나타냅니다.

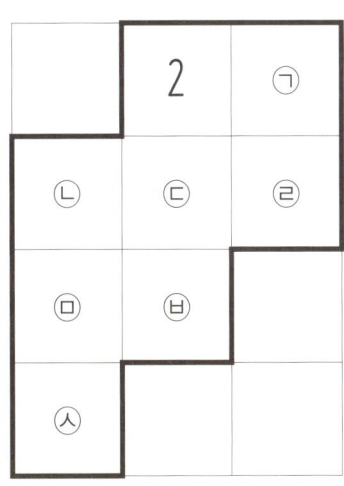

- 똑같은 모양으로 쌓는데 필요한 소마큐브 조각은 몇 조각인가요?

( )조각

- 정육면체 개수가 1개씩 있는 곳을 찾아 기호를 쓰세요.

( )

- ㉡에 쌓인 정육면체는 몇 개인가요?

( )개

- ㉠, ㉢, ㉤에 쌓인 정육면체 개수의 합은 몇 개인가요?

( )개

15. 정육면체 만들기

 다음은 정육면체의 바닥면입니다. 바닥면을 채우고 정육면체를 만들어 보세요.

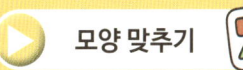 모양 맞추기

 다음은 정육면체의 바닥면입니다. 바닥면을 채우고 정육면체를 만들어 보세요.

소마큐브 35

16. 위, 앞, 옆에서 본 모양 3

 소마큐브 7조각을 모두 사용하여 입체 모양을 만들고 위, 앞, 옆에서 본 모양을 그려보세요.

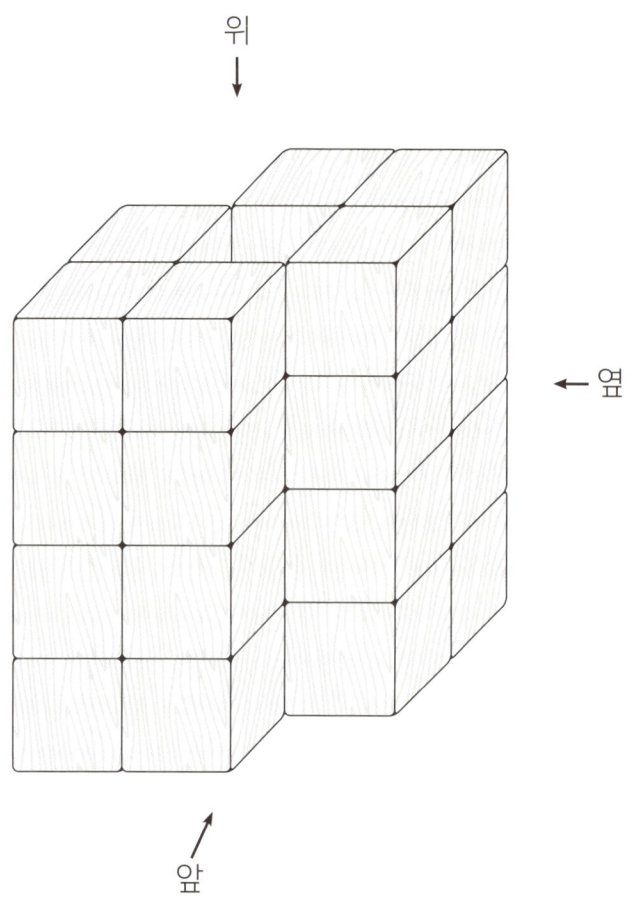

 소마큐브 7조각을 모두 사용하여 입체 모양을 만들고 위, 앞, 옆에서 본 모양을 그려보세요.

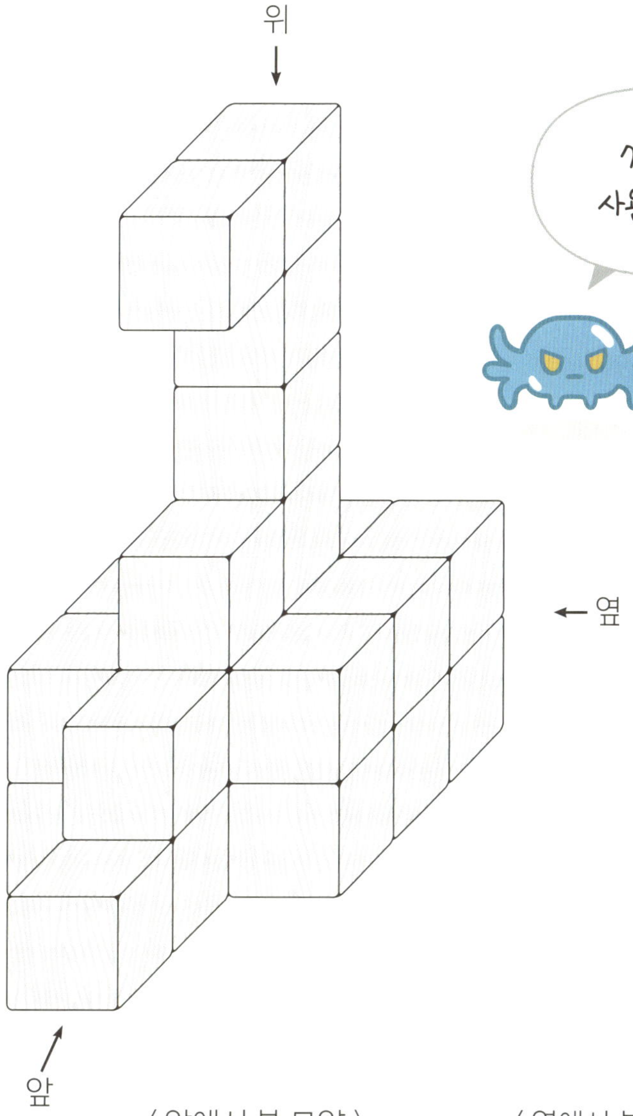

위 →

7조각 모두 사용해야 해~

← 옆

↑ 앞

〈 위에서 본 모양 〉　　〈 앞에서 본 모양 〉　　〈 옆에서 본 모양 〉

17. 위, 앞, 옆에서 본 모양 4

소마큐브 7조각을 모두 사용하여 입체 모양을 만들고 위, 앞, 옆에서 본 모양을 그려보세요.

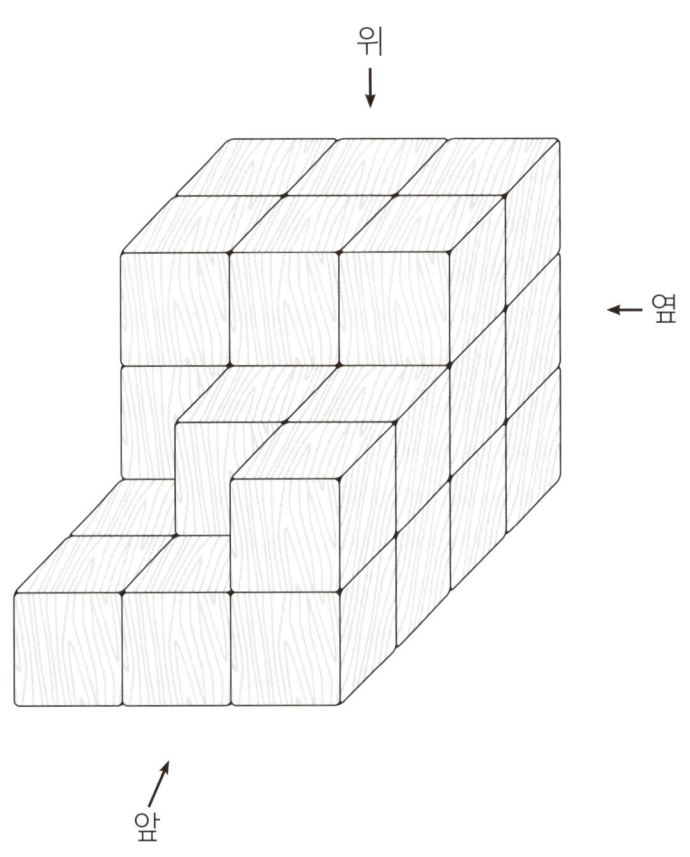

〈 위에서 본 모양 〉　　　〈 앞에서 본 모양 〉　　　〈 옆에서 본 모양 〉

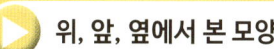 

 소마큐브 7조각을 모두 사용하여 입체 모양을 만들고 위, 앞, 옆에서 본 모양을 그려보세요.

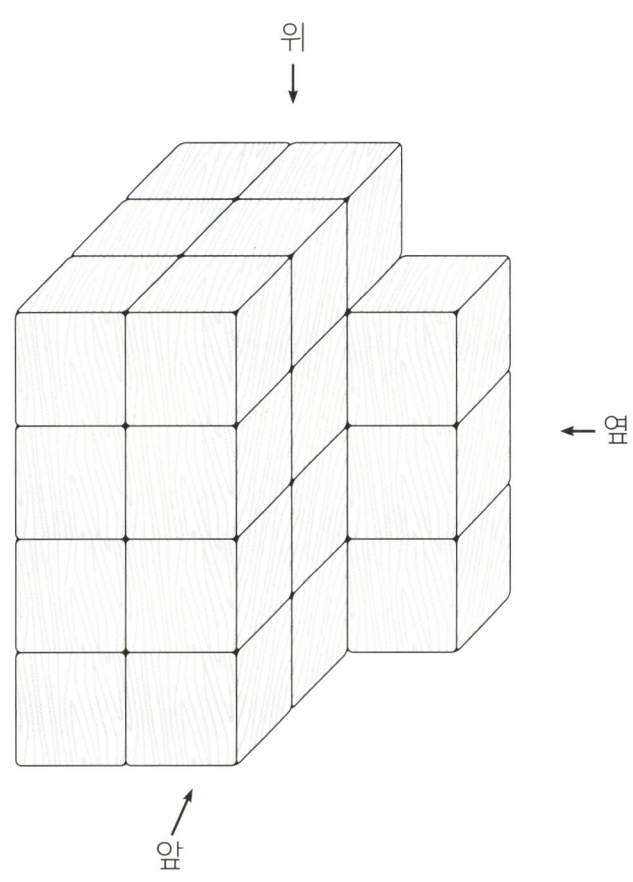

〈 위에서 본 모양 〉　　　〈 앞에서 본 모양 〉　　　〈 옆에서 본 모양 〉

소마큐브 **39**

18. 위, 앞, 옆에서 본 모양을 보고 입체 모양 만들기 2

 도형

 입체 모양을 위, 앞, 옆에서 본 모양입니다. 입체 모양을 만들고, 등각투시도를 그려보세요.

〈 위에서 본 모양 〉　　〈 앞에서 본 모양 〉　　〈 옆에서 본 모양 〉

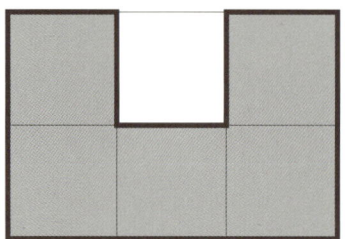
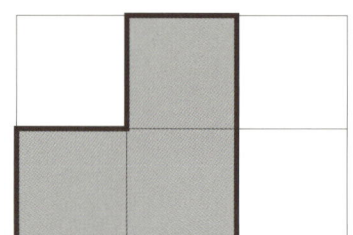

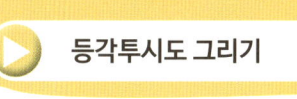 등각투시도 그리기

 입체 모양을 위, 앞, 옆에서 본 모양입니다. 입체 모양을 만들고, 등각투시도를 그려보세요.

〈 위에서 본 모양 〉　　〈 앞에서 본 모양 〉　　〈 옆에서 본 모양 〉

 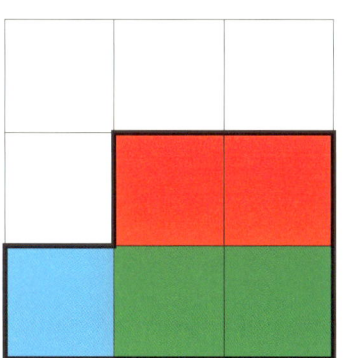

소마큐브 41

19. 위, 앞, 옆에서 본 모양을 보고 입체모양 만들기 3

 도형

입체 모양을 위, 앞, 옆에서 본 모양입니다. 입체 모양을 만들고, 등각투시도를 그려보세요.

〈 위에서 본 모양 〉   〈 앞에서 본 모양 〉   〈 옆에서 본 모양 〉

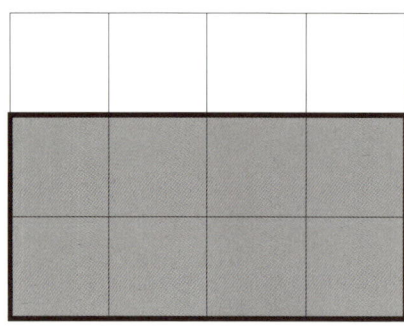

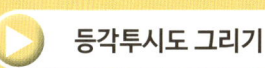 

 입체 모양을 위, 앞, 옆에서 본 모양입니다. 입체 모양을 만들고, 등각투시도를 그려보세요.

〈 위에서 본 모양 〉　　〈 앞에서 본 모양 〉　　〈 옆에서 본 모양 〉

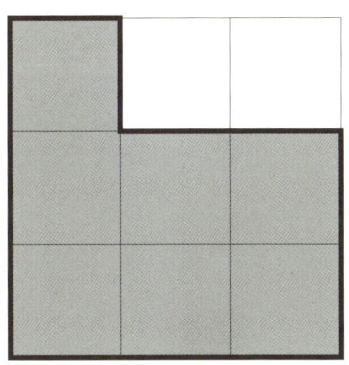 

3	1	2
2	2	1
2	2	

소마큐브 **43**

20. 재미있는 모양 만들기

 소마큐브 7조각으로 다음 모양을 만들어 보세요.

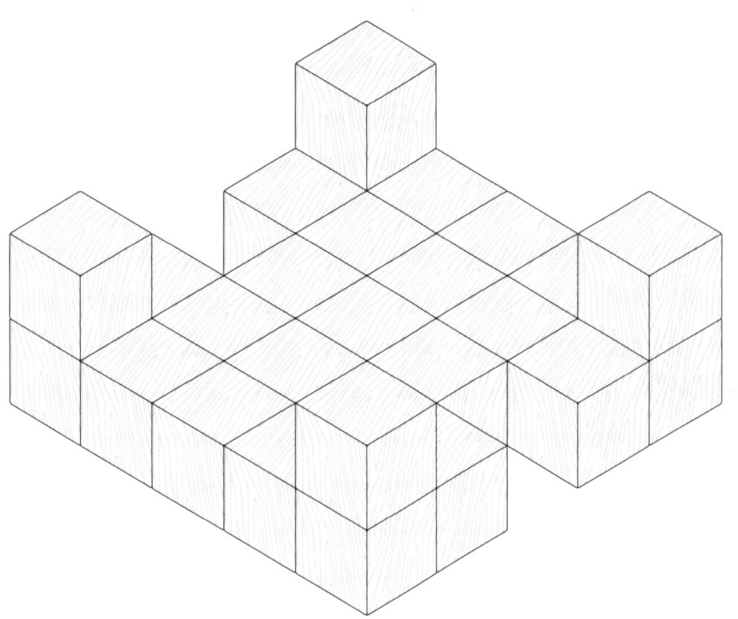

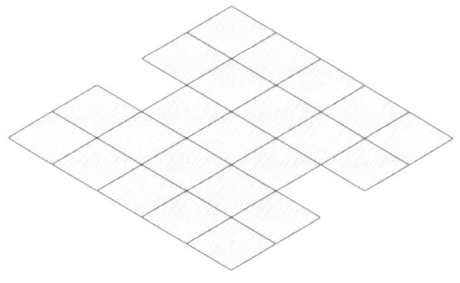

〈 위에서 본 모양 〉

 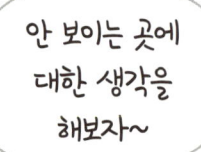
안 보이는 곳에 대한 생각을 해보자~

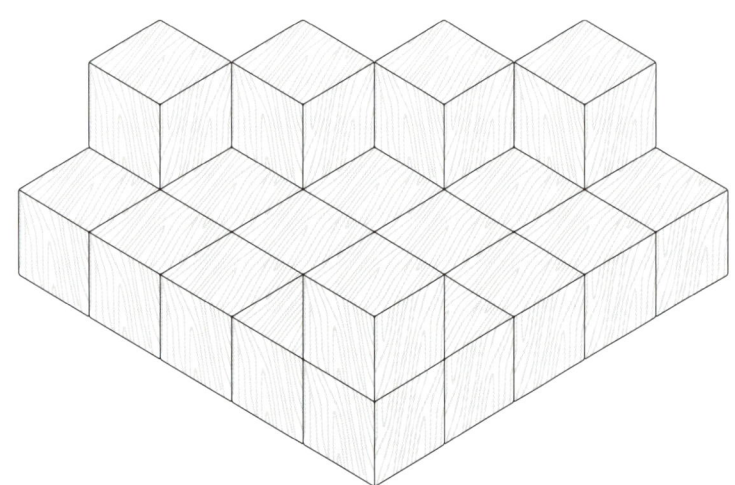

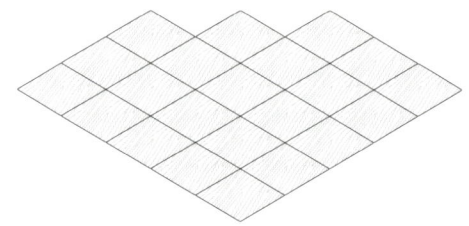

〈 위에서 본 모양 〉

 소마큐브 7조각으로 다음 모양을 만들어 보세요.

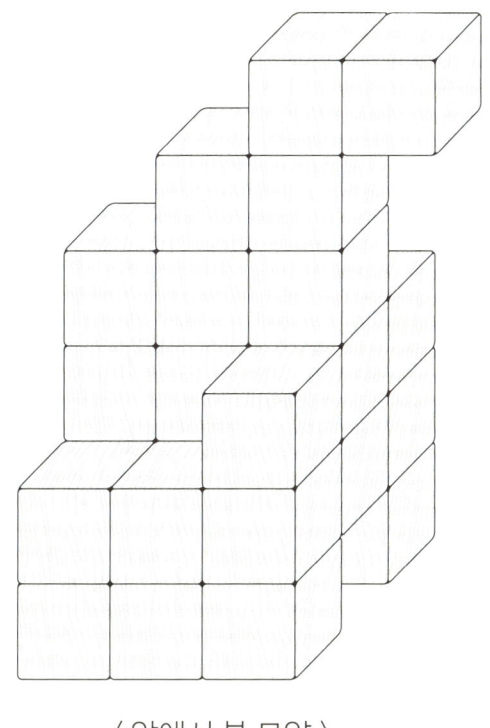

〈 앞에서 본 모양 〉

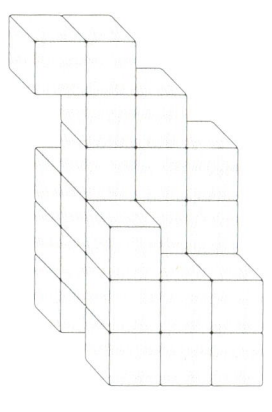

〈 뒤에서 본 모양 〉

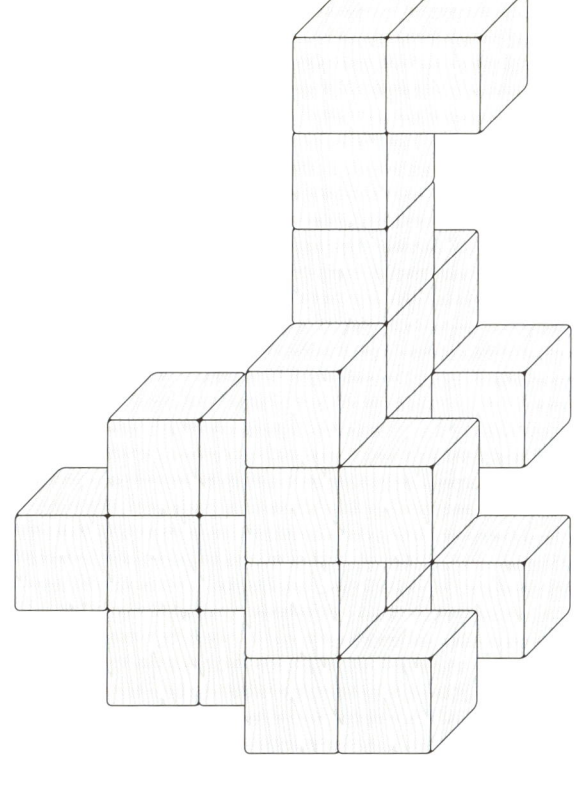

〈 앞에서 본 모양 〉

〈 뒤에서 본 모양 〉

정답 제시된 방법 외에 다양한 답이 나올 수 있습니다.

p.6

1. 소마큐브의 구성 알기

자료와 가능성

소마큐브는 정육면체 모양의 쌓기나무 3개 또는 4개를 다음과 같이 면끼리 붙여 만든 7조각으로 구성되어 있습니다.

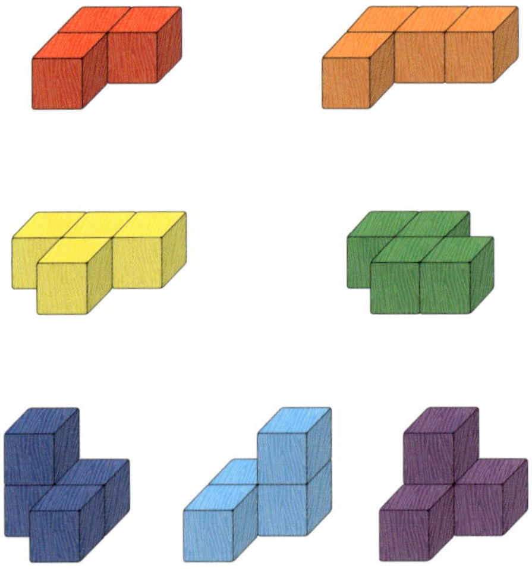

6 CHALLENGE STEP 3

p.7

교구 탐색

소마큐브의 각 조각의 이름을 다음과 같이 약속해요. 다음 모양과 색깔이 같은 조각을 찾아 올려놓아보세요.

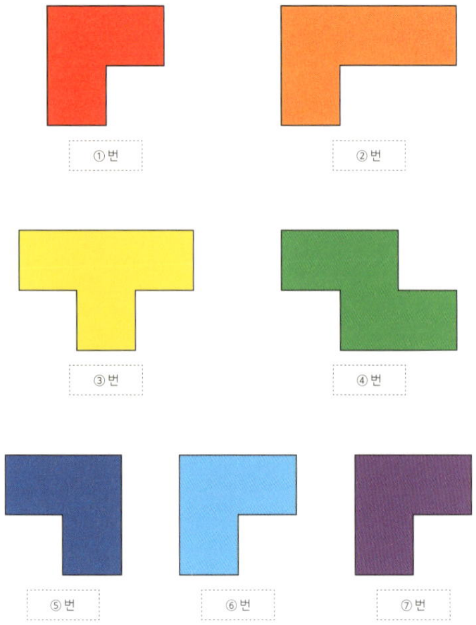
①번
②번
③번
④번
⑤번
⑥번
⑦번

소마큐브 7

p.8

2. 직사각형 채우기

도형

소마큐브 7조각을 모두 사용해서 직사각형을 채우세요. 이때, 빈 곳이 없으며 모든 조각이 바닥에 한 면이라도 닿아야 하고, 직사각형 밖으로 조각이 튀어나온 곳이 없어야 합니다.

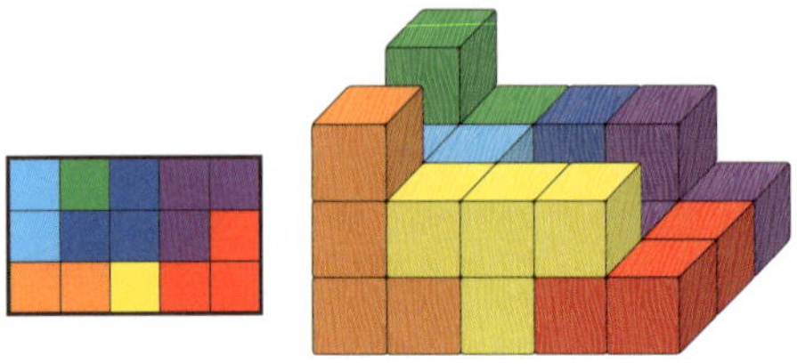

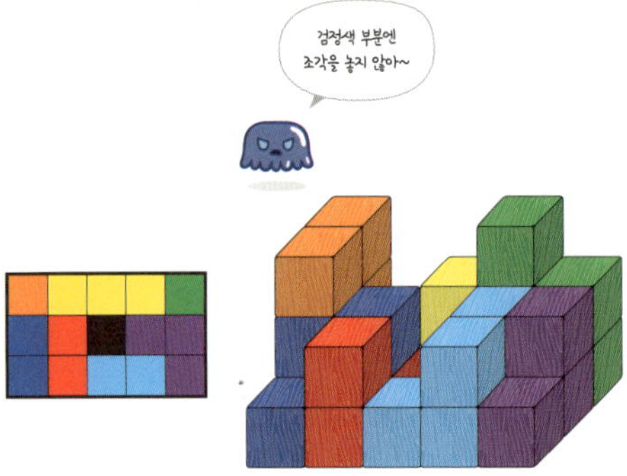
검정색 부분엔
조각을 놓지 않아~

8 CHALLENGE STEP 3

p.9

사각형 채우기

소마큐브 7조각을 모두 사용해서 직사각형을 채우세요. 이때, 빈 곳이 없으며 모든 조각이 바닥에 한 면이라도 닿아야 하고, 직사각형 밖으로 조각이 튀어나온 곳이 없어야 합니다.

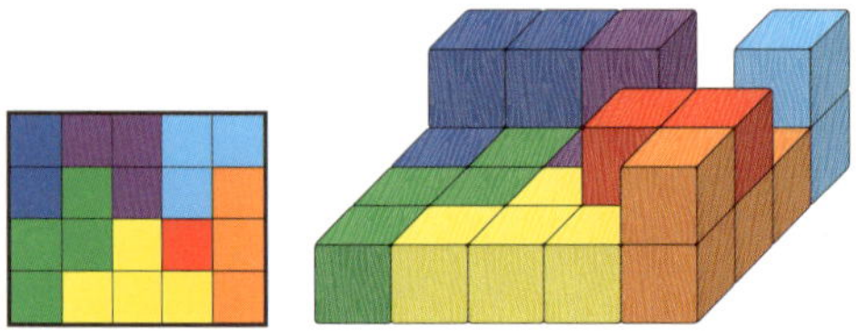

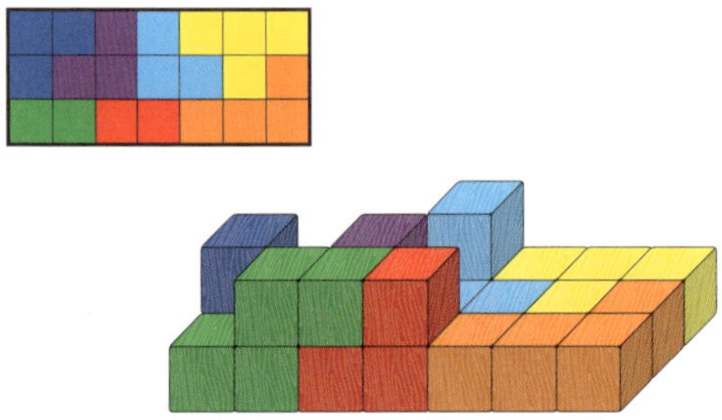

소마큐브 9

p.10

3. 입체 모양 만들기 1 도형

주어진 조각을 사용하여 아래 입체 모양을 만들어 보세요.

①번   ⑦번

맞추고 색칠하는 것 잊지마!

10 CHALLENGE STEP 3

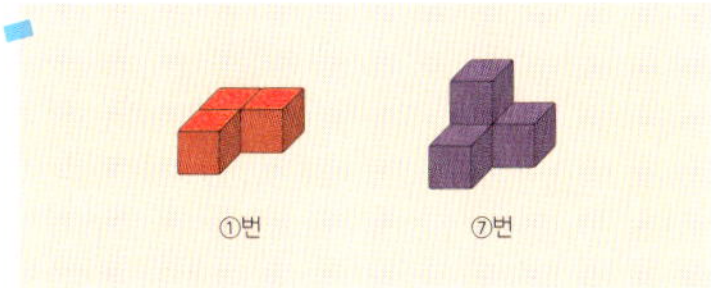

p.11

모양 만들기

주어진 조각을 사용하여 아래 입체 모양을 만들어 보세요.

⑤번   ⑥번   ⑦번

소마큐브 11

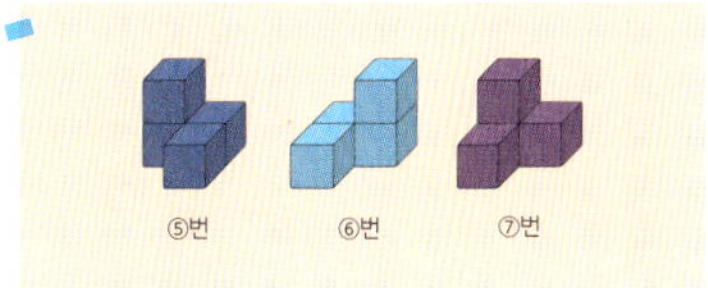

p.12

4. 등각투시도 그리기 1 도형

입체 모양 그림을 보고 등각투시도를 그려보세요.

보기

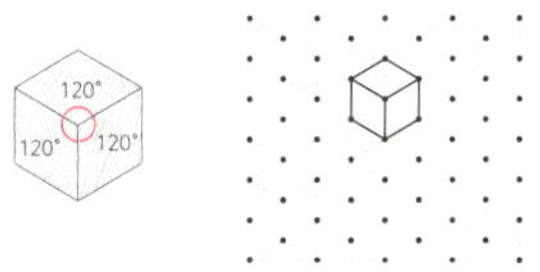

120°를 이루는 세 개의 축을 기준으로 입체도형을 나타낸 그림을 **등각투시도**라고 합니다.

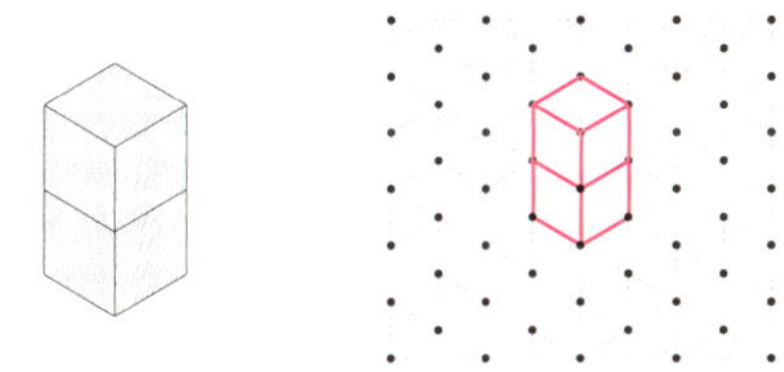

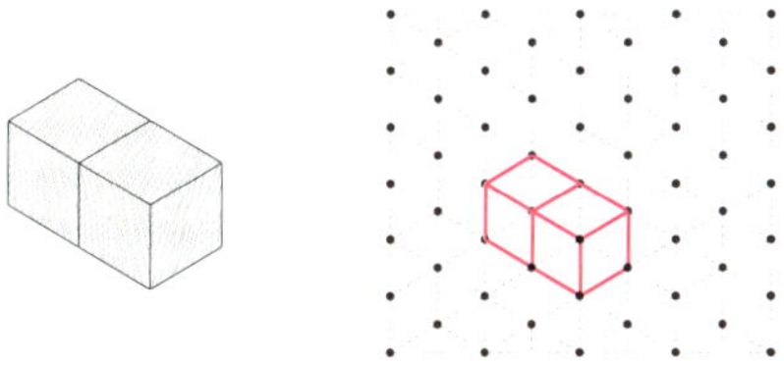

12 CHALLENGE STEP 3

p.13

등각투시도 그리기

입체 모양 그림을 보고 등각투시도를 그려보세요.

소마큐브 13

소마큐브 47

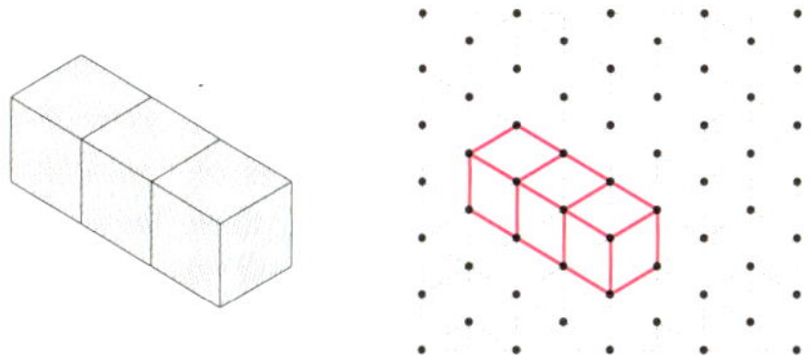

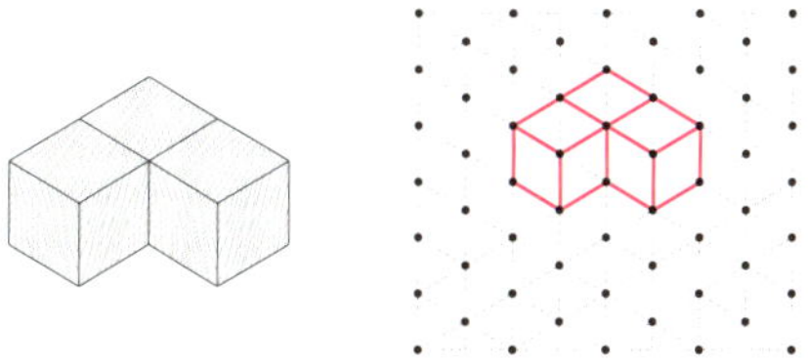

정답

p.14

5. 등각투시도 그리기 2

도형

소마큐브 조각을 보고 등각투시도를 그려보세요.

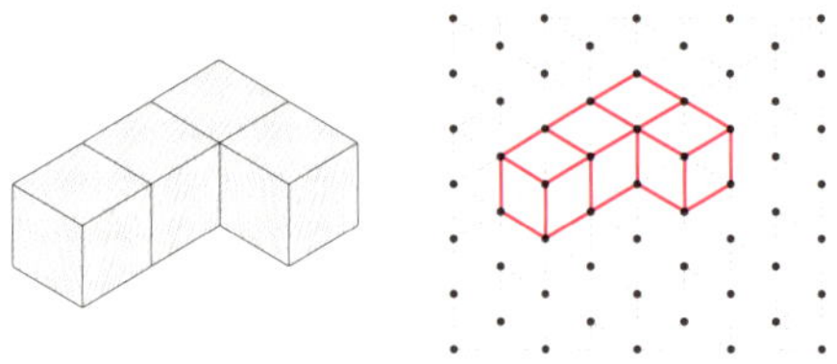

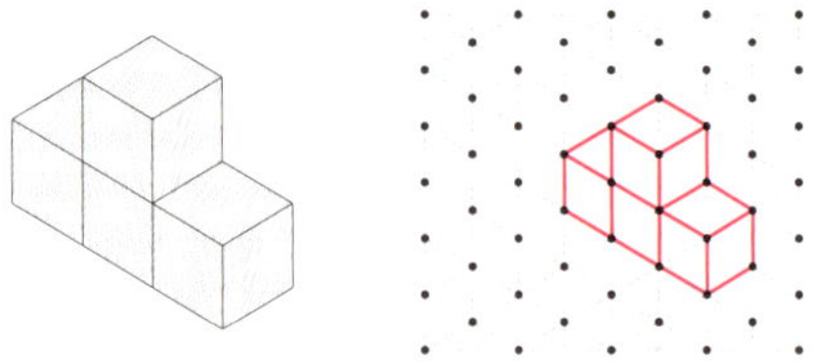

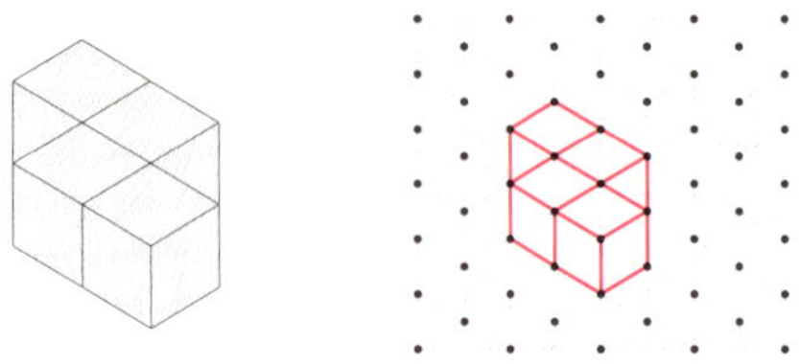

p.15

등각투시도 그리기

소마큐브 조각을 보고 등각투시도를 그려보세요.

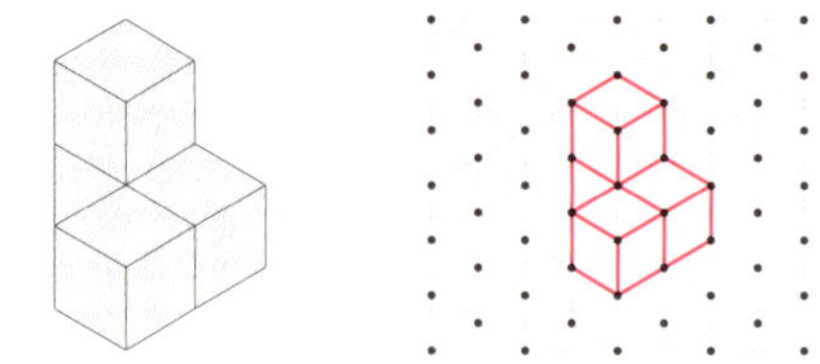

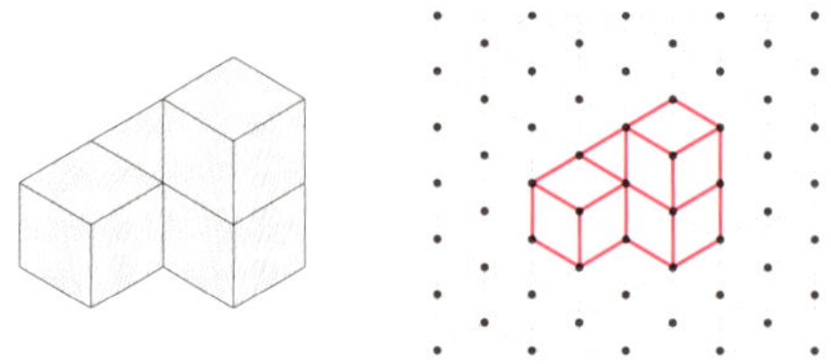

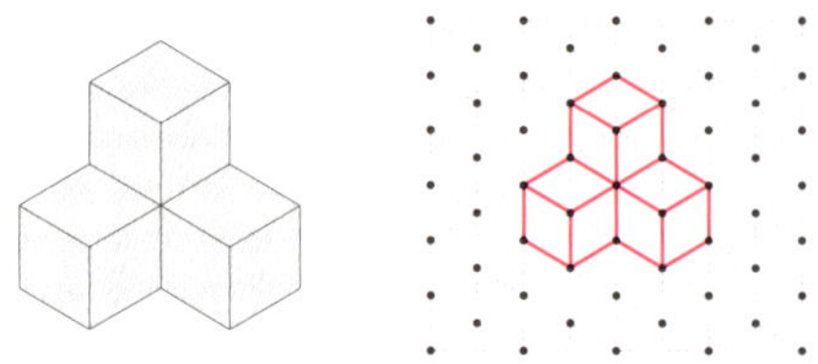

p.16

6. 등각투시도 그리기 3

도형

주어진 조각을 사용하여 입체 모양을 만들고, 등각투시도를 그려보세요.

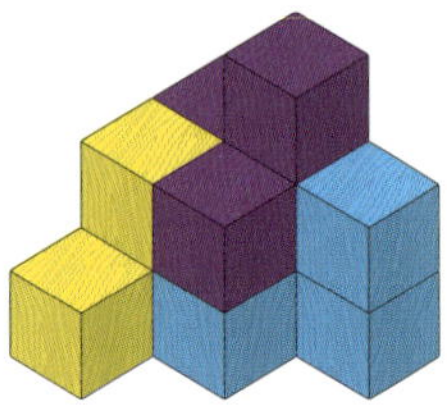

③번, ⑥번, ⑦번

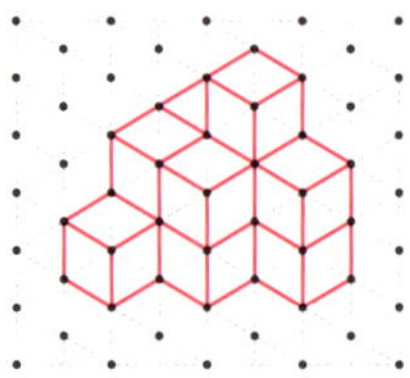

p.17

등각투시도 그리기

주어진 조각을 사용하여 입체 모양을 만들고, 등각투시도를 그려보세요.

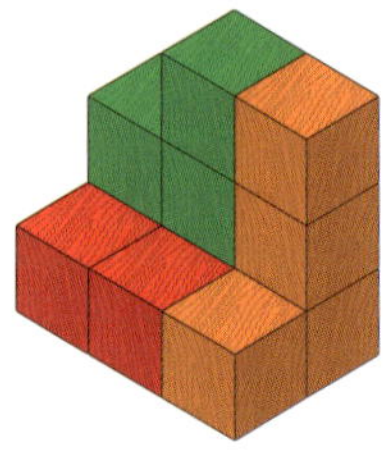

①번, ②번, ④번

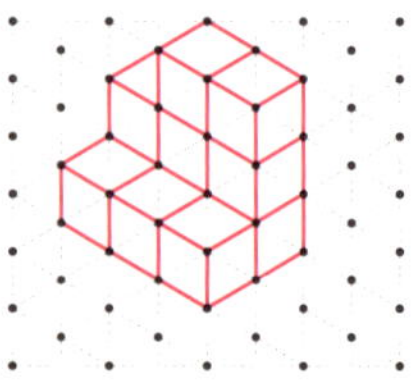

p.18 7. 부피 구하기 도형 및 측정

다음 직육면체를 만들고 부피를 구해보세요.

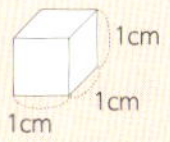

> 부피를 나타낼 때 한 모서리의 길이가 1cm인 정육면체의 부피를 단위로 사용할 수 있습니다. 이 정육면체의 부피를 **1cm³**라고 쓰고, **1 세제곱센티미터**라고 읽습니다.
>
> 1cm × 1cm × 1cm = 부피 1cm³

16 cm³

맞춘 모양을 보고 각 면에 색칠해 보자.

p.19 부피 구하기

소마큐브 조각으로 맞추고 부피를 구해보세요.

15 cm³

맞추고 색칠하는 거 잊지 말자!

15 cm³

p.20 8. 입체 모양 만들기 2 도형

주어진 조각으로 다음 입체 모양을 만들어 보세요.

①번, ②번, ④번, ⑦번

②번, ④번, ⑤번, ⑦번

p.21 모양 만들기

주어진 조각으로 다음 입체 모양을 만들어 보세요.

③번, ④번, ⑥번, ⑦번

②번, ③번, ④번, ⑤번

정답

p.22 — 9. 같은 모양을 여러 가지 방법으로 만들기 (도형)

다음 모양을 여러 가지 방법으로 만들어 보세요.

- 사용한 조각 : **1, 2, 3, 5**
- 사용한 조각 : **1, 2, 3, 6** 
- 사용한 조각 : **1, 2, 4, 7** 
- 사용한 조각 : **1, 2, 4, 5** 

p.23 — 모양 만들기

다음 모양을 여러 가지 방법으로 만들어 보세요.

- 사용한 조각 : **1, 2, 3, 4**
- 사용한 조각 : **1, 2, 3, 7** 
- 사용한 조각 : **2, 3, 5, 6** 
- 사용한 조각 : **2, 4, 6, 7** 

p.24 — 10. 위, 앞, 옆에서 본 모양 1 (도형)

다음은 소마큐브 조각을 위, 앞, 옆에서 본 모양을 색과 숫자로 표시한 것입니다. 조각별로 표시해 보세요. 이때, 숫자는 해당 위치에서의 정육면체의 개수를 나타냅니다.

보기 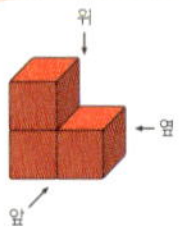
- 〈위에서 본 모양〉 2 1
- 〈앞에서 본 모양〉 1 / 1 1
- 〈옆에서 본 모양〉 1 / 2

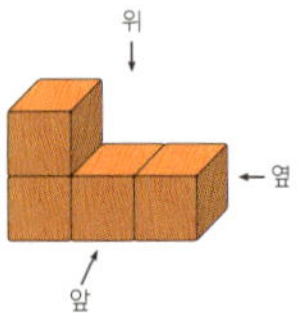

주황:
- 〈위에서 본 모양〉 2 1 1
- 〈앞에서 본 모양〉 1 / 1 1 1
- 〈옆에서 본 모양〉 1 / 3

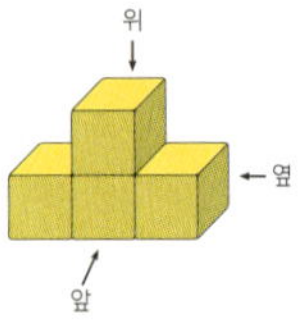

노랑:
- 〈위에서 본 모양〉 1 2 1
- 〈앞에서 본 모양〉 1 / 1 1 1
- 〈옆에서 본 모양〉 1 / 3

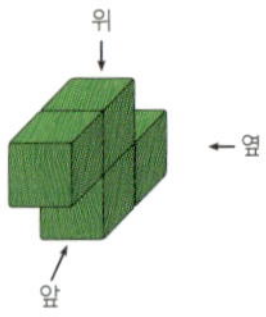

초록:
- 〈위에서 본 모양〉 1 / 2 / 1
- 〈앞에서 본 모양〉 1 / 2 / 2
- 〈옆에서 본 모양〉 1 / 1 1

p.25 — 위, 앞, 옆에서 본 모양

다음은 소마큐브 조각을 위, 앞, 옆에서 본 모양을 색과 숫자로 표시한 것입니다. 조각별로 표시해 보세요. 이때, 숫자는 해당 위치에서의 정육면체의 개수를 나타냅니다.

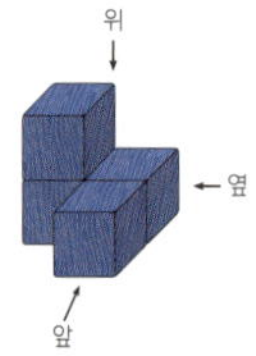

남색:
- 〈위에서 본 모양〉 2 1 / 1
- 〈앞에서 본 모양〉 1 / 1 2
- 〈옆에서 본 모양〉 1 / 1 2

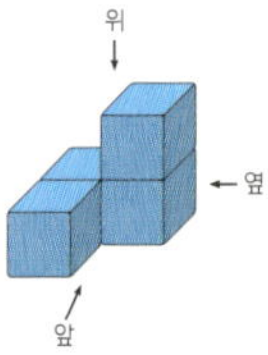

하늘:
- 〈위에서 본 모양〉 1 2 / 1
- 〈앞에서 본 모양〉 1 / 2 1
- 〈옆에서 본 모양〉 1 / 1 2

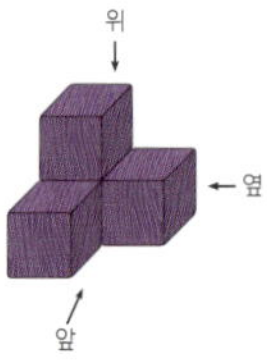

보라:
- 〈위에서 본 모양〉 2 1 / 1
- 〈앞에서 본 모양〉 1 / 1 2 1
- 〈옆에서 본 모양〉 1 / 1 2

p.26

11. 위에서 본 모양 찾기

도형

주어진 입체 모양을 만들고 위에서 본 모양을 찾아 이어보세요.

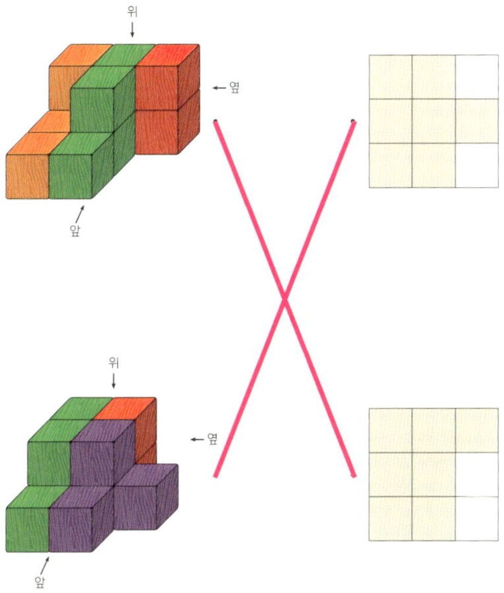

p.27

위에서 본 모양

주어진 입체 모양을 만들고 위에서 본 모양을 찾아 이어보세요.

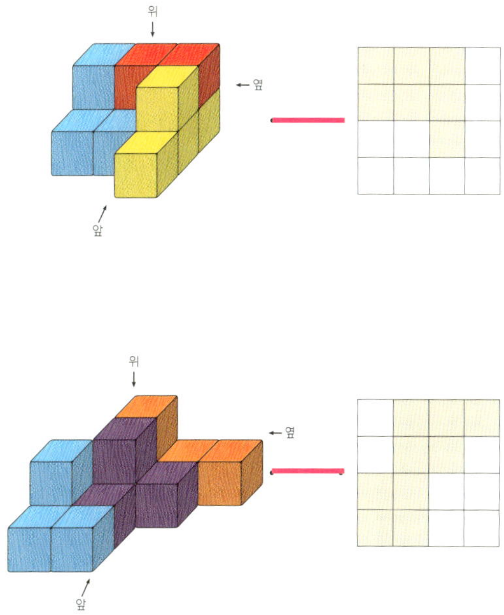

p.28

12. 위, 앞, 옆에서 본 모양 2

도형

주어진 입체 모양을 소마큐브 조각으로 맞추고, 위, 앞, 옆에서 본 모양을 그려보세요.
이때, 해당 위치에서의 정육면체의 개수를 쓰세요.

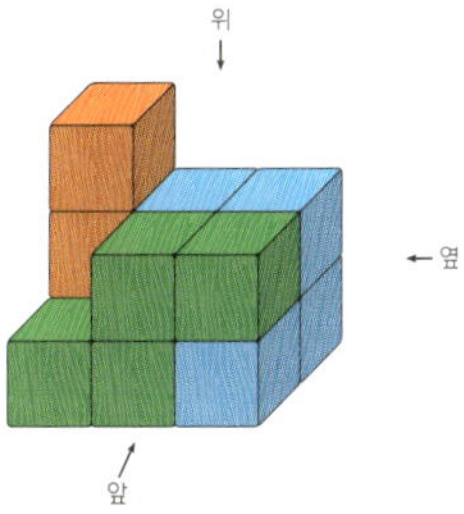

〈 위에서 본 모양 〉

3	2	2
1	2	2

〈 앞에서 본 모양 〉

1		
1	2	2
2	2	2

〈 옆에서 본 모양 〉

		1
	2	3
	3	3

p.29

위, 앞, 옆에서 본 모양

주어진 입체모양을 소마큐브 조각으로 맞추고, 위, 앞, 옆에서 본 모양을 그려보세요.
이때, 해당 위치에서의 정육면체의 개수를 쓰세요.

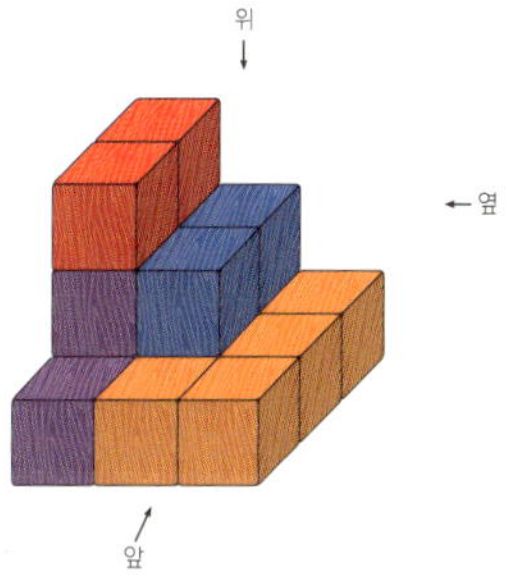

〈 위에서 본 모양 〉

3	2	1
3	2	1
1	1	1

〈 앞에서 본 모양 〉

2		
2	2	
3	3	3

〈 옆에서 본 모양 〉

	1	1
	2	2
3	3	3

정답

p.30

13. 위, 앞, 옆에서 본 모양을 보고 입체 모양 만들기 1

도형

위, 앞, 옆에서 본 모양을 보고, 입체 모양을 만들어 보세요.

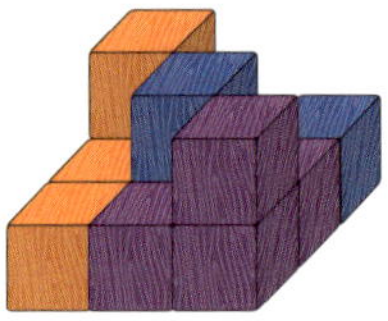

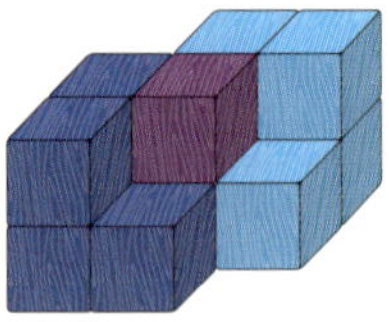

30 CHALLENGE STEP 3

p.31

입체 모양 만들기

위, 앞, 옆에서 본 모양을 보고, 입체 모양을 만들어 보세요.

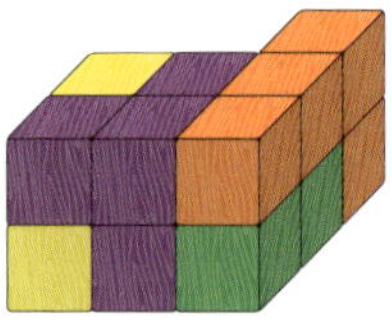

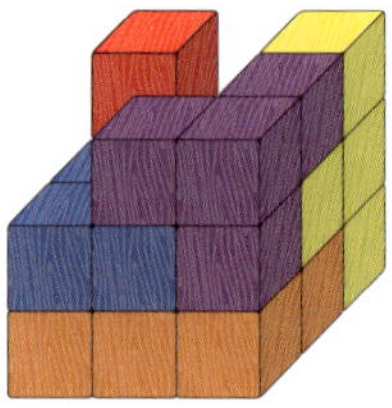

소마큐브 31

p.32

14. 문제해결

도형

위, 앞, 옆에서 본 모양을 보고 입체 모양을 만들고 문제를 해결하세요.
이때, ㉠~㉦은 해당 위치에서의 정육면체의 개수를 나타냅니다.

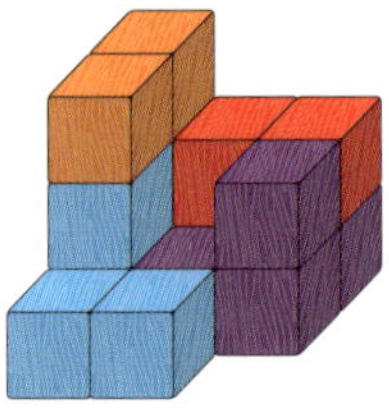

- 똑같은 모양으로 쌓는데 필요한 소마큐브 조각은 몇 조각인가요?

(4)조각

- ㉤에 쌓인 정육면체는 몇 개인가요?

(2)개

- ㉡과 ㉥에 쌓인 정육면체의 합은 몇 개인가요?

(3)개

- ㉠에 쌓인 정육면체는 몇 개인가요?

(3)개

32 CHALLENGE STEP 3

p.33

문제해결

위, 앞, 옆에서 본 모양을 보고 입체 모양을 만들고 문제를 해결하세요.
이때, ㉠~㉦은 해당 위치에서의 정육면체의 개수를 나타냅니다.

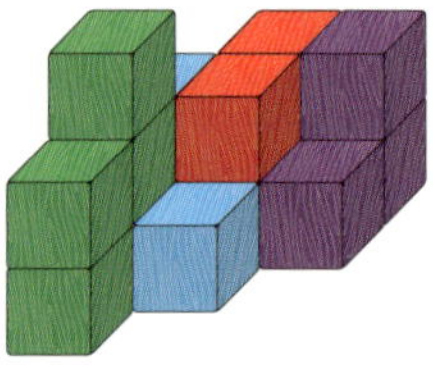

- 똑같은 모양으로 쌓는데 필요한 소마큐브 조각은 몇 조각인가요?

(4)조각

- 정육면체 개수가 1개씩 있는 곳을 찾아 기호를 쓰세요.

(㉣, ㉥)

- ㉡에 쌓인 정육면체는 몇 개인가요?

(2)개

- ㉠, ㉢, ㉤에 쌓인 정육면체 개수의 합은 몇 개인가요?

(7)개

소마큐브 33

p.34

15. 정육면체 만들기

다음은 정육면체의 바닥면입니다. 바닥면을 채우고 정육면체를 만들어 보세요.

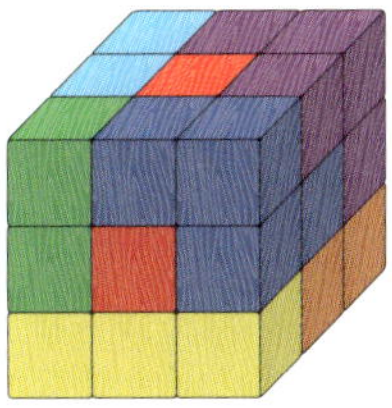

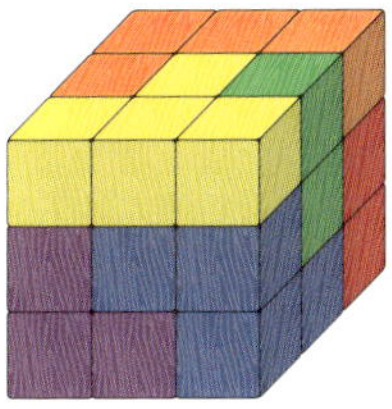

p.35

다음은 정육면체의 바닥면입니다. 바닥면을 채우고 정육면체를 만들어 보세요.

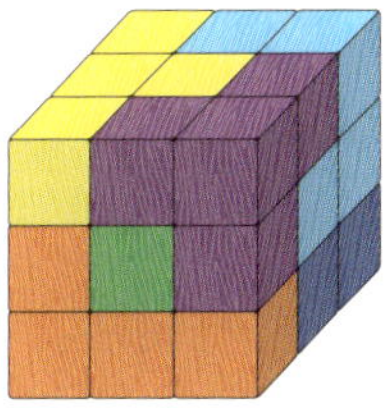

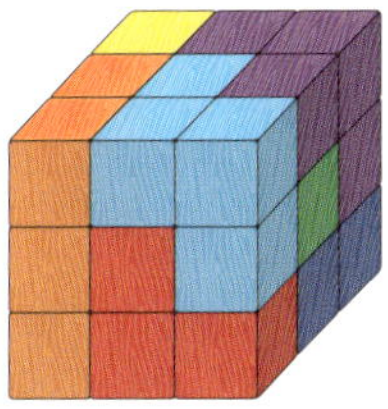

p.36

16. 위, 앞, 옆에서 본 모양 3

소마큐브 7조각을 모두 사용하여 입체 모양을 만들고 위, 앞, 옆에서 본 모양을 그려보세요.

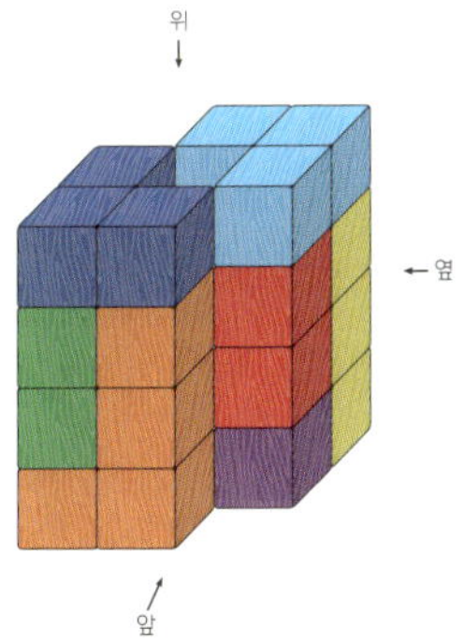

〈 위에서 본 모양 〉　〈 앞에서 본 모양 〉　〈 옆에서 본 모양 〉

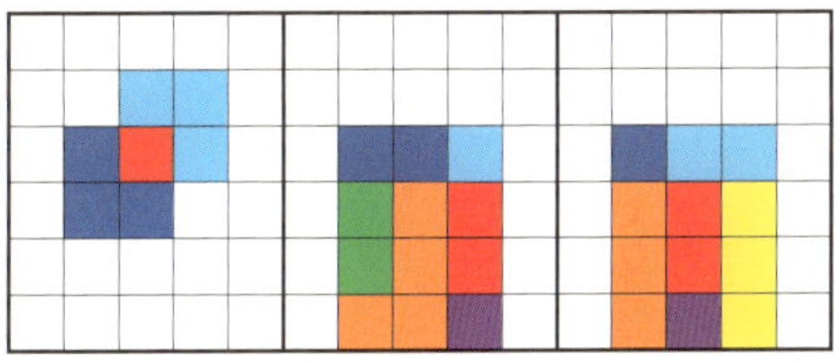

p.37

소마큐브 7조각을 모두 사용하여 입체 모양을 만들고 위, 앞, 옆에서 본 모양을 그려보세요.

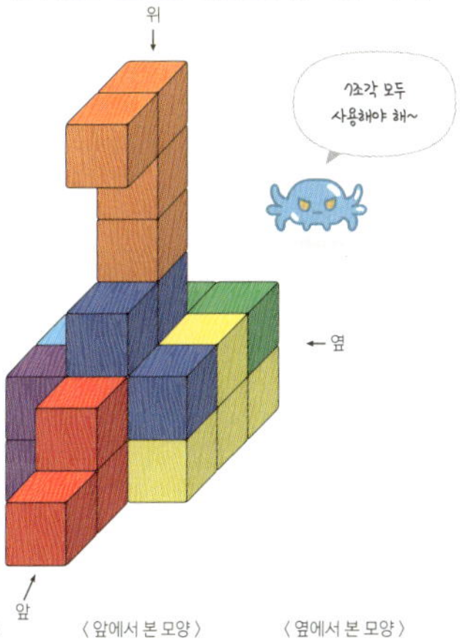

7조각 모두 사용해야 해~

〈 위에서 본 모양 〉　〈 앞에서 본 모양 〉　〈 옆에서 본 모양 〉

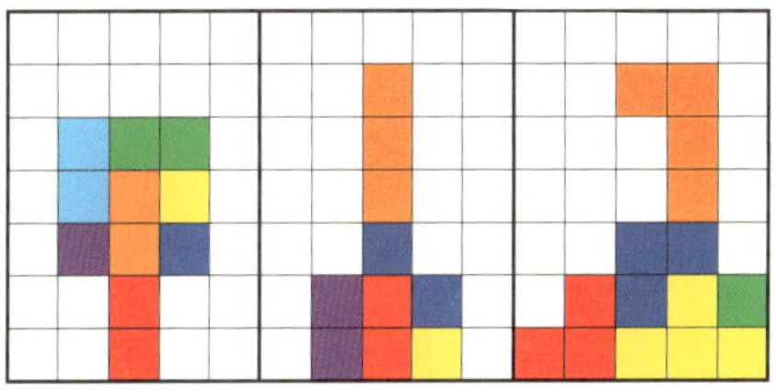

정답

p.38

17. 위, 앞, 옆에서 본 모양 4

도형

소마큐브 7조각을 모두 사용하여 입체 모양을 만들고 위, 앞, 옆에서 본 모양을 그려보세요.

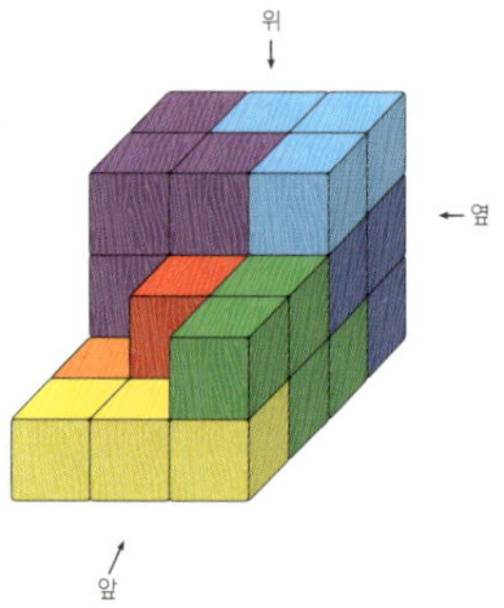

〈 위에서 본 모양 〉 〈 앞에서 본 모양 〉 〈 옆에서 본 모양 〉

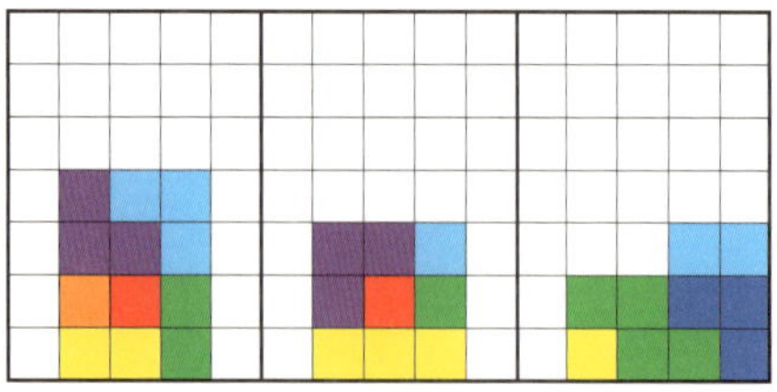

p.39

위, 앞, 옆에서 본 모양

소마큐브 7조각을 모두 사용하여 입체 모양을 만들고 위, 앞, 옆에서 본 모양을 그려보세요.

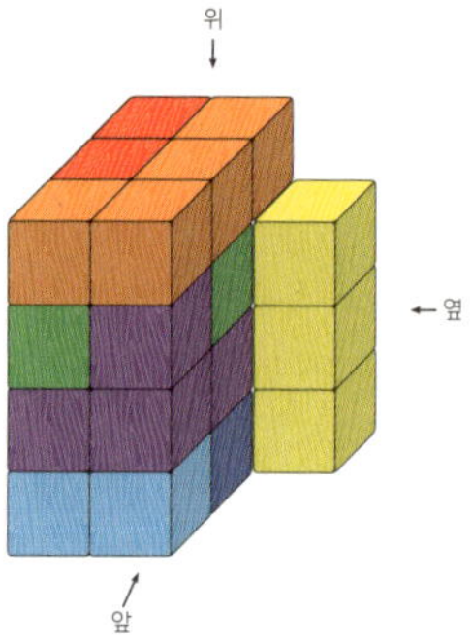

〈 위에서 본 모양 〉 〈 앞에서 본 모양 〉 〈 옆에서 본 모양 〉

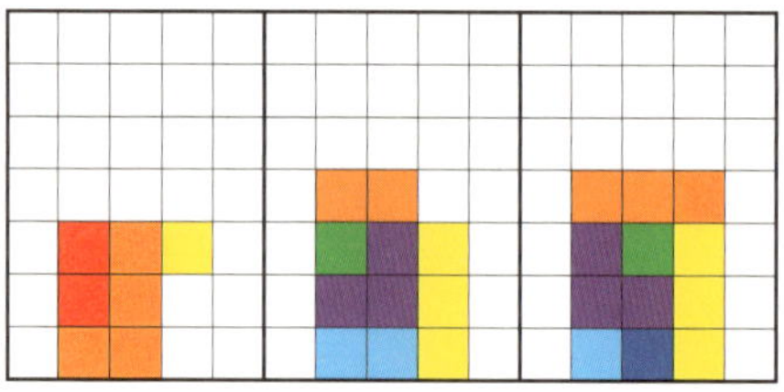

p.40

18. 위, 앞, 옆에서 본 모양을 보고 입체 모양 만들기 2

도형

입체 모양을 위, 앞, 옆에서 본 모양입니다. 입체 모양을 만들고, 등각투시도를 그려보세요.

〈 위에서 본 모양 〉

2	1	2
1	1	1

〈 앞에서 본 모양 〉

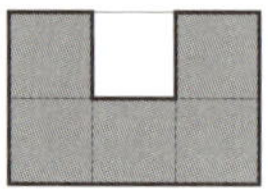

〈 옆에서 본 모양 〉

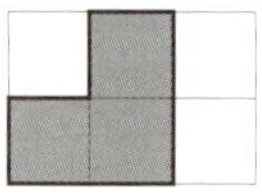

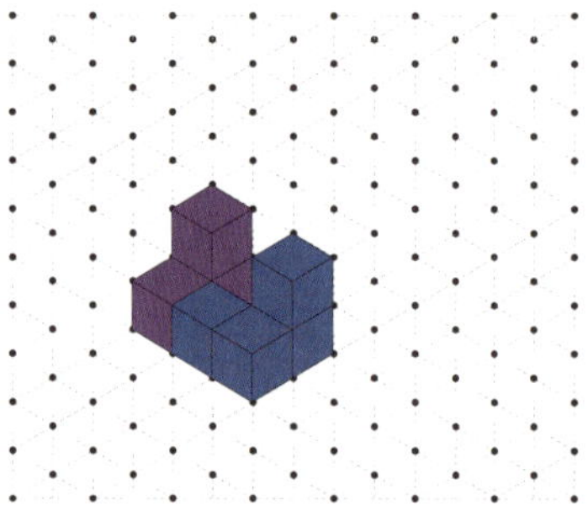

p.41

등각투시도 그리기

입체 모양을 위, 앞, 옆에서 본 모양입니다. 입체 모양을 만들고, 등각투시도를 그려보세요.

〈 위에서 본 모양 〉

2	2	
2	2	1
1	1	

〈 앞에서 본 모양 〉

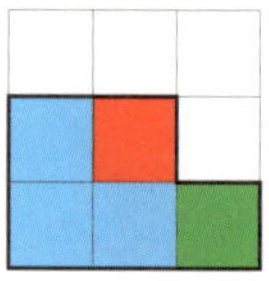

〈 옆에서 본 모양 〉

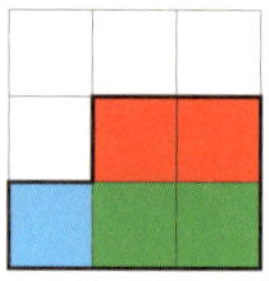

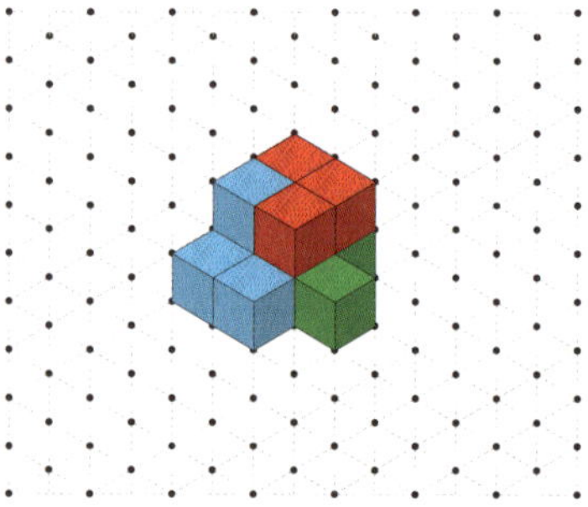

p.42

19. 위, 앞, 옆에서 본 모양을 보고 입체모양 만들기 3 〉 도형

입체 모양을 위, 앞, 옆에서 본 모양입니다. 입체 모양을 만들고, 등각투시도를 그려보세요.

〈 위에서 본 모양 〉

2	2	2	2
2	2	2	
2	2	2	

〈 앞에서 본 모양 〉

〈 옆에서 본 모양 〉

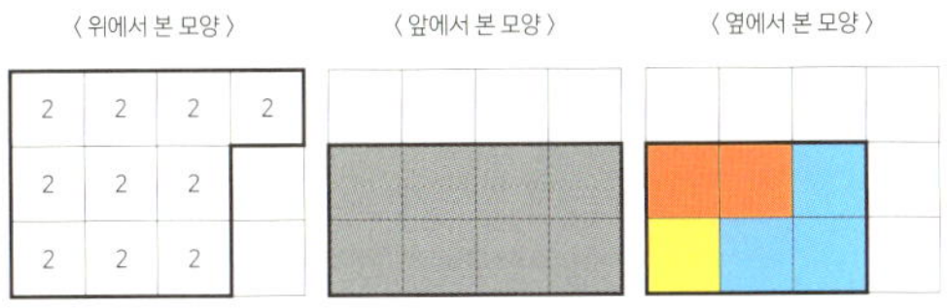

p.43

〉 등각투시도 그리기

입체 모양을 위, 앞, 옆에서 본 모양입니다. 입체 모양을 만들고, 등각투시도를 그려보세요.

〈 위에서 본 모양 〉

3	1	2
2	2	1
2	2	

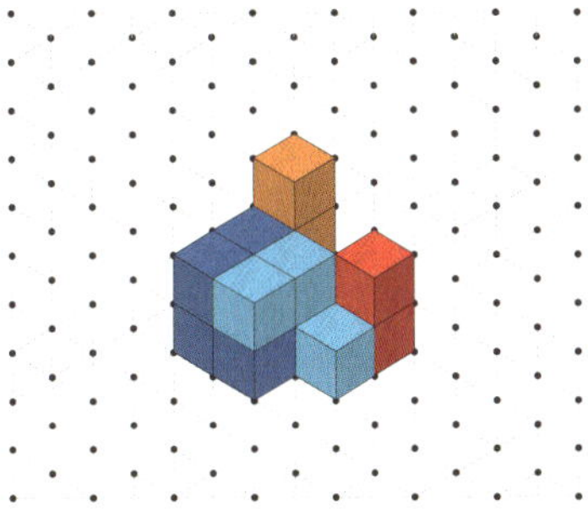

〈 앞에서 본 모양 〉

〈 옆에서 본 모양 〉

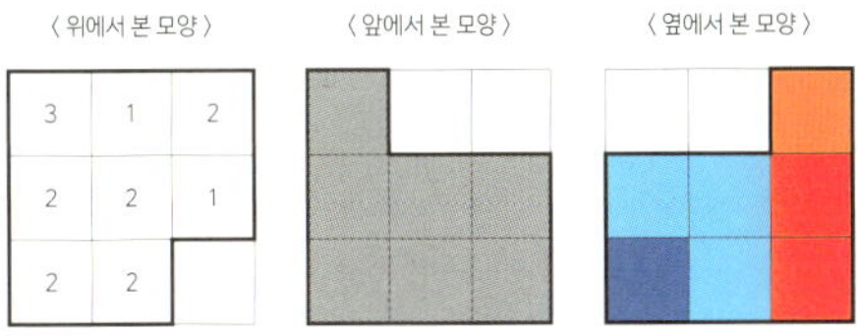

p.44

20. 재미있는 모양 만들기 〉 도형

소마큐브 7조각으로 다음 모양을 만들어 보세요.

〈 위에서 본 모양 〉

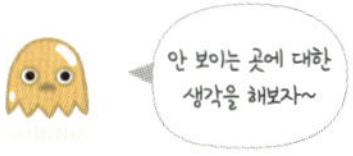

안 보이는 곳에 대한 생각을 해보자~

〈 위에서 본 모양 〉

p.45

〉 모양 만들기

소마큐브 7조각으로 다음 모양을 만들어 보세요.

〈 앞에서 본 모양  〉   〈 뒤에서 본 모양 〉

〈 앞에서 본 모양  〉   〈 뒤에서 본 모양 〉

MEMO